小学生でも理解できる

グラレコ
で学ぶ経済本

<small>さわ あきと</small>
澤 昭人

repicbook

はじめに

　本書には、小学生からでも学んでほしい経済知識がぎっしりと詰まっています。経済的に豊かな人なら誰でも知っている基礎的な経済用語を直感的に理解できるようにグラレコ（グラフィックレコーディング）で表現しました。

　用語は五十音順に並べてありますが、自由に気になるキーワードから読み進んでください。その際、関連する項目を参照しながら読むと、より経済の全体像が見えてくるはずです。このように、経済の面白さは、いろいろな項目が複雑に絡み合っているところにあります。そんな経済のつながりを探しながら読むと、さらに本書を楽しむことができると思います。

　経済を学ぶことは、将来を豊かに暮らすための扉を開くことと同じです。逆に、本書に掲載されている経済知識を全て習得しておかないと、富裕層とは対等に話もできません。

　残念なことに、日本人はお金の教育を受ける機会が少ないと言われています。確かに日本人は資産形成に消極的で、「預金こそが一番」と思っている人が多いようです。

　しかし私が知る限り、経済的に豊かな人ほど株式投資などの資産形成に積極的です。「お金が余っているから当然だ」と思われるかもしれませんが、そうではありません。資産形成に積極的だからこそ、経済的な余裕が生まれるのです。

職業柄、富裕層の方とお会いする機会もたくさんありますが、富裕層とそうでない人の違いは、基礎的な経済知識の身に付け方にあると感じています。

たとえば「為替が円安に動いた」と聞いて、「ああ、なるほど」と思える人と、「よくわからないや」と思う人とでは次の行動に差が出ます。その差は、はじめはわずかなものかもしれませんが、長い年月積み重ねると大きな差になります。

さらにブロックチェーンや量子コンピュータなどの新技術、SDGs や ESG などの世界の潮流が経済社会の方向性をどう変えていくのかも理解しておく必要があります。

実は経済において、「絶対にこれだ！」といえることは少なく、本書ではいろいろな見方を養うために、あえて少数派の意見もたくさん採り入れました。議論のツールとしてご活用ください。

最後に、本書を作るにあたりご協力いただいた畠山久志教授、濱本明教授、そして素晴らしいグラレコを描いてくださったちくわさんに感謝いたします。

多くの方がこの本で、将来の扉を開いてくれることを祈って。

澤　昭人

3

CONTENTS

はじめに　002

1　赤字国債　006

2　アジアの世紀　008

3　アフリカの時代と人口爆発　010

4　アフリカの豊富な資源　012

5　ESG　014

6　EUとBrexit　016

7　iDeCo　018

8　インフレとデフレ　020

9　AIとビッグデータ　022

10　SDGs　024

11　SDGsの17の目標　026

12　MMT　028

13　LTV　030

14　お金と金本位制　032

15　GAFA　034

16　株価　036

17　株式会社と株主　038

18　株式と投資信託　040

19　為替レート　042

20　キャッシュレス　044

21　QRコード決済　046

22　金融商品　048

23　金利　050

24　国の借金の賛否両論　052

25　クレジットカード　054

26 経常収支　056

27 KYCと生体認証　058

28 決算書（資産と負債）　060

29 公的年金　062

30 財政政策と金融政策　064

31 GDP　066

32 シェアリングエコノミー　068

33 持続可能性（サステナブル）　070

34 持続可能な漁業　072

35 失業率　074

36 自動車産業とCASE　076

37 資本主義と経済学の誕生　078

38 社会保障　080

39 上場　082

40 消費者物価指数（CPI）　084

41 消費税（VAT）　086

42 人口ピラミッド　088

43 税金　090

44 世界大恐慌　094

45 ダイナミック・プライシング　096

46 デジタルディバイド　098

47 ドイツのインダストリー4.0　100

48 投資　102

49 トレーサビリティ　104

50 日銀の異次元緩和　106

51 日本の借金　108

52 日本の働き方改革　110

53 日本は借金大国　112

54 ネットワーク効果　114

55 年金の仕組み　116

56 ハイパーインフレとお金の供給量　118

57 パラダイムシフト　120

58 ビットコイン　122

59 5G　126

60 FinTech　128

61 プラットフォーマー　130

62 ブランド　132

63 ブロックチェーン　134

64 文化GDPとクールジャパン　136

65 MaaS　138

66 マネタリーベースとマネーストック　140

67 ミリオネアとタックスヘイブン　142

68 4つの産業革命　144

69 リープフロッグ現象　146

70 量子コンピュータ　148

71 老後2000万円問題　150

72 労働生産性　152

索引　154

参考資料　158

5

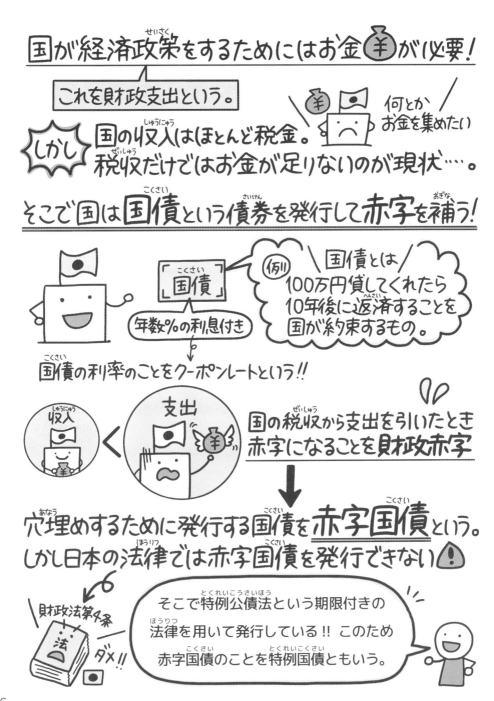

国が経済政策（せいさく）をするためにはお金（羊）が必要！

これを財政支出という。

何とかお金を集めたい

しかし 国の収入（しゅうにゅう）はほとんど税金。
税収（ぜいしゅう）だけではお金が足りないのが現状…。

そこで国は国債（こくさい）という債券を発行して赤字を補う（おぎな）！

国債（こくさい）

年数%の利息付き

⟨例⟩ ＼国債とは／
100万円貸してくれたら
10年後に返済（へんさい）することを
国が約束するもの。

国債（こくさい）の利率のことをクーポンレートという!!

収入（しゅうにゅう）＜ 支出

国の税収（ぜいしゅう）から支出を引いたとき
赤字になることを財政赤字

↓

穴埋め（あなう）するために発行する国債（こくさい）を赤字国債（こくさい）という。
しかし日本の法律（ほうりつ）では赤字国債（こくさい）を発行できない⚠

財政法第4条（あ）

法 ダメ!!

そこで特例公債法（とくれいこうさいほう）という期限付きの
法律（ほうりつ）を用いて発行している!! このため
赤字国債（こくさい）のことを特例国債（とくれいこくさい）ともいう。

6

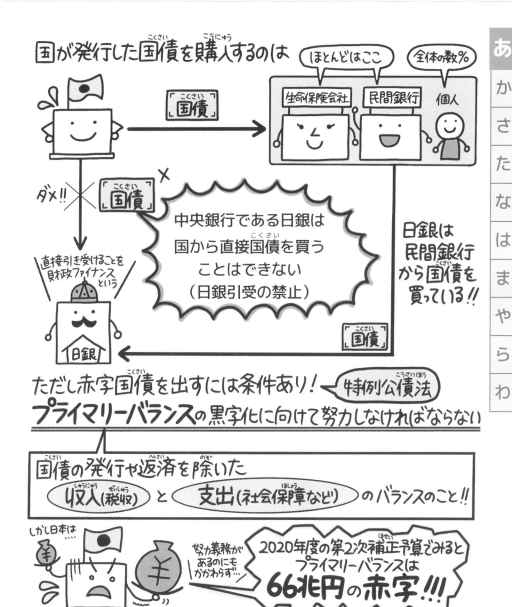

国が発行した国債を購入するのは

ほとんどはここ　全体の数%

生命保険会社　民間銀行　個人

こくさい国債

ダメ!! ✕ こくさい国債

直接引き受けることを財政ファイナンスという

中央銀行である日銀は国から直接国債を買うことはできない（日銀引受の禁止）

日銀は民間銀行から国債を買っている!!

日銀

こくさい国債

ただし赤字国債を出すには条件あり! ー 特例公債法

プライマリーバランスの黒字化に向けて努力しなければならない

国債の発行や返済を除いた

収入(税収) と 支出(社会保障など) のバランスのこと!!

しかし日本は……

努力義務があるのにもかかわらず…!

2020年度の第2次補正予算でみるとプライマリーバランスは **66兆円**の**赤字**!!!

日本の国債は増え続け2019年度末で借入金などを合計した国の**借金**は…… **1100兆円**!!

300年ほど前
アジアは経済の分野で
世界の中心的存在

産業革命
inイギリス

経済の中心は
ヨーロッパやアメリカに
移った

復活!!

2050年までにアジア一人あたりのGDPは
今の**6倍**になり、欧米の水準にまで
達する!という予想がある。これを…
アジアの世紀という。

注目国

アジアNIES
&
ASEAN4

アジアNIES　新興工業経済地域のこと。
（Newly Industrializing Economies）

具体的
には……　台湾　シンガポール　完了♪

香港　韓国　リープフロッグを
果たした国!!

GDP　P.66　　人口ピラミッド　P.88
ミリオネアとタックスヘイブン　P.142　　リープフロッグ現象　P.146

あ
か
さ
た
な
は
ま
や
ら
わ

例 アジアNIES：シンガポールの場合

中国とのかかわりが深く、
人口も手頃なため中国市場で
売り出す前のテスト
販売地として人気！！

東南アジアとのネットワーク
も強く、タックスヘイブンで
もあるため金融センター
としても強力！

90万人強のミリオネア人口
がおり、国民の5.5人の
うち1人が1億円以上の
資産を持つ富裕層！

ASEAN4

リープフロッグ中の国
のことをいう。

例 ASEAN4：インドネシアの場合

1人あたりGDPが
ここ10年で10倍以上！！

これから働く世代が
どんどん増えていく！！

2050年には
GDPで世界4位の大国に
なると予想されている！！！

アジアの世紀の中心になる国として
日本、中国、韓国、タイ、インド、インドネシア、マレーシアの7カ国が
挙げられることもあるが…

働き手の人数を見ると日本は1990年代から減ってきている。
中国、韓国、タイも2015年頃から減っている

アフリカの時代ってどういうこと!?
正直日本に比べて産業は遅れているイメージだけど……

アフリカの人口爆発

ナイジェリアは30年後4億人になり、アメリカの人口を超えるんだよ!

比較すると……

アフリカ　2019年で12億人の人口が2050年には25億人と予想!!

日本　少子高齢化で人口は減る一方

人口が増えるとその分労働力もUP!!

オレ達バリバリ働けるぞ

結果
アフリカの経済はどんどん成長!!

このように働く人の割合が上昇し、経済成長が促進されることを人口ボーナスという。

あ
か
さ
た
な
は
ま
や
ら
わ

アフリカはフランスの植民地だった国が多いため
カメルーンやコートジボワールなどフランス語が公用語の国が多い!
フランス語人口が中国語に並ぶという予想も

Bonjour　Merci
ボンジュール　メルシ
(こんにちは!!)　(ありがとう)

フランス語のいきおい
スゴイあるね

你好 ニーハオ

アフリカの時代＝フランス語の時代でもある

豊富な
資源

リープフロッグも
起きているんだ!

革新的な
技術の
向上

今後も成長
間違いなし!

人口爆発
による
労働力UPと
経済成長

アフリカでは
フィンテック企業が
どんどん立ち上がっている!

ダイヤモンド

ボツワナ　アンゴラ　コンゴ民主共和国　ジンバブエ

生産量の上位は
多くがアフリカ諸国（しょこく）

プラチナ

世界の生産量の
70%以上がアフリカ

コバルトは60%、クロム、マンガンの40%以上
がアフリカ諸国（しょこく）が産地になっている！

日本の産業発展（はってん）
にも欠かせない

このような希少金属を**レアメタル**という。

電子材料、精密（せいみつ）加工機、バッテリーなど
これからの工業製品に欠かせない！

PC　スマホ　自動車

ちなみに同じダイヤモンドでも…

持続可能な社会や
SDGsにとっても
大切だよね!!

倫理的（りんりてき）（エシカル）に採取された
ダイヤモンドのことを
エシカルダイヤモンドという。

←ブロックチェーンを使ってエシカルであることを
証明する試みもある!!

SDGs P.24	持続可能性（サステナブル） P.70
トレーサビリティ P.104	ブロックチェーン P.134

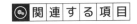
◉ 関連する項目

エシカルダイヤモンドとは逆に

違法・正しくない行い によって採取されたものは

紛争ダイヤ（ふんそう）

「この鉱山は俺のものだ！渡さん!!」（こうざん）

「力ずくでうばってやる！」

ブラッド・ダイヤモンド

（血のダイヤ）

地元の子どもたち

強制労働

「さぁ働け！内戦の資金にするんだ！」

資源が豊富なアフリカにも **弱点** がある（しげん）

どちらも第1産業

主な産業は鉱物と農作物の輸出

綿花

コーヒー

カカオ

など

このように特定の産業に偏った経済のことを（かたよ）（けいざい）

モノカルチャー経済という。（けいざい）

アフリカなどの発展途上国にみられる経済構造。（はってんとじょうこく）（けいざいこうぞう）
特定の品目の価格変動で収入が大きく変動する欠点が！（しゅうにゅう）

ESGとは····

環境問題を無視した企業は生き残れない!!

環境 Environment

悪いことができてしまう経営体制の企業には投資がこない!

働き方改革や女性進出を軽視した企業には優秀な人材が来ない!!

社会 Social

ESG

企業統治 Governance

ESGの視点から投資先を決めるESG投資が注目されているよ!

社会貢献という道徳的な問題だけではない。機関投資家は利益🐏のためにもESGを考える必要がある!!

どうして機関投資家はESGを考える必要があるの?

機関投資家とは····

個人や企業から預かったお金を元に株式を運用する大口投資家

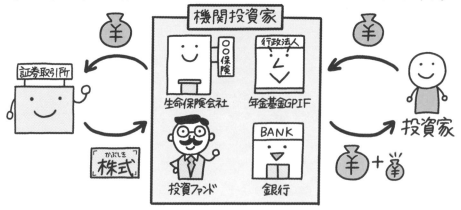

機関投資家

証券取引所

生命保険会社　〇〇保険　年金基金GPIF　行政法人

投資ファンド　銀行　BANK

株式

投資家

あ
か
さ
た
な
は
ま
や
ら
わ

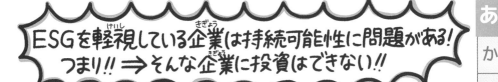

ESGを軽視している企業は持続可能性に問題がある！
つまり‼ ⇒ そんな企業に投資はできない‼

機関投資家はお金が儲かるならどこにでも
投資をして良い訳ではない‼

投資責任原則

2006年に発表された
機関投資家が守るべき
投資原則のこと

国際連合

この原則〈PRI〉(Principles for Responsible Investment)
に署名することはESGに可能な限り気を付けて
投資をする約束をしたことになる‼‼

しかしESGには具体的な行動のための規定はない

SDGsにはゴールだけじゃなくて達成度合いを測るための
基準である169のターゲットも設定されているよ！

そこで

ESGを17の目標に細かく分類し具体的なゴールを
定めたものがSDGsと考えるとわかりやすい！

(例) ESG：E環境
　　 SDGs：Goal12
　　　　「つくる責任・つかう責任」
　　　　ターゲット12.3
　　「2030年までに世界全体の1人あたりの
　　　　食料の廃棄を半減」

ダスキンは2020年までに
食品リサイクル法の
再生利用等実施率を
50%以上にすることを
目標Pにしていた☺✨

ヨーロッパでは 2019年までは 28ヵ国が EU（European Union）という1つのグループに 入っていた！

欧州連合（おうしゅうれんごう）

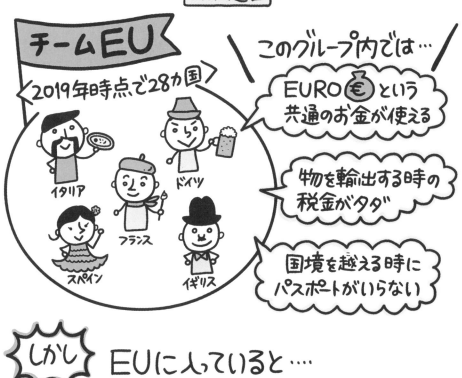

チームEU

2019年時点で28ヵ国

イタリア　ドイツ　フランス　スペイン　イギリス

このグループ内では…

EURO € という共通のお金が使える

物を輸出する時の税金がタダ

国境を越える時にパスポートがいらない

しかし　EUに入っていると…

うーん

自分の国のことなのに自由に決められない……

自分の国の法律（ほうりつ）を決めたくても EUの法律が優先（ゆうせん）になる

EUROを採用すると自国の通貨が発行できない

貿易する時は国としてではなく EUとして交渉（こうしょう）しなければならない

EU

銀行などの金融機関は国ごとに金融業務の免許が必要だが、今まではロンドンで免許を取っていればEU内どこでも使うことができた。しかしイギリスがEUから抜けたことで他のEU国内で使用不可に……

iDeCo（イデコ）

iDeCo（イデコ）= (Individual Defined Contribution)

〈そもそも年金とは？〉

一定以上の年齢（ねんれい）になると国からお金が支給される

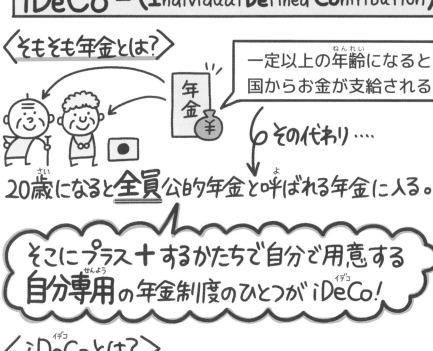

年金

その代わり……

20歳（さい）になると**全員**公的年金と呼（よ）ばれる年金に入る。

そこにプラス＋するかたちで自分で用意する
自分専用（せんよう）の年金制度のひとつが iDeCo（イデコ）!

〈iDeCo（イデコ）とは？〉

20歳（さい）になったし将来（しょうらい）のために iDeCo（イデコ）に加入（かにゅう）しとくか……

いくらならムリないかな…

20歳（さい）以上なら誰（だれ）でも加入 OK！「どこ」に「いくら」を「どれくらい」運用するか決める!!

自分で決めた一定額を 60歳（さい）になるまで積み立てる。

毎月コツコツ!!

60歳（さい）

何に運用するかも「自分」次第！

積み立てたお金は年金として引き出されるまで株式（かぶしき）などの形で運用することができる!!!

あ
か
さ
た
な
は
ま
や
ら
わ

iDeCoのメリット 😆↑

自分が年をとった時、
公的年金だけの場合よりも
多いお金を受け取れる！

所得税や住民税などの
国に支払う税金を割引
してもらえる！

運用によってお金が
増えても、
税金がかからない。

iDeCoのデメリット 😫↓

毎月自分で決めた額と
手数料を払わなければ
ならない！

基本的に途中で
解約はできない！
(解約する場合は面倒な条件)

運用先の結果によって
受け取れるお金が
掛け金より減る場合も。

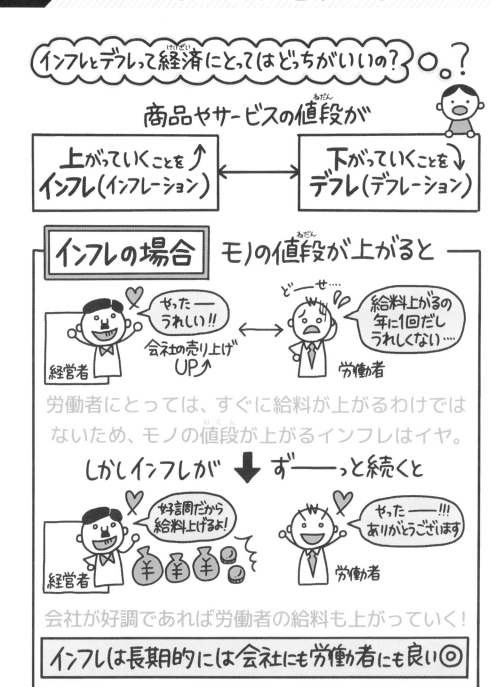

インフレとデフレって経済にとってはどっちがいいの？

商品やサービスの値段が

上がっていくことを↑
インフレ（インフレーション）

下がっていくことを↓
デフレ（デフレーション）

インフレの場合　モノの値段が上がると

やったーうれしい!!

会社の売り上げUP↑

経営者

どーーせ….

給料上がるの年に1回だしうれしくない….

労働者

労働者にとっては、すぐに給料が上がるわけではないため、モノの値段が上がるインフレはイヤ。

しかしインフレが　ずーーっと続くと

好調だから給料上げるよ!

経営者

やったーーー!!!ありがとうございます

労働者

会社が好調であれば労働者の給料も上がっていく!

インフレは長期的には会社にも労働者にも良い◎

財政政策と金融政策　P.64　　ハイパーインフレとお金の供給量　P.118

日銀の異次元緩和　P.106　　マネタリーベースとマネーストック　P.140

◉ 関連する項目

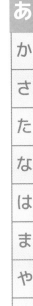

よってインフレの方が経済にとっては良いと言えるが
短期間でモノの値段が急激に上がると
ハイパーインフレとなり経済は混乱

リンゴ1個
1万円!!

このため…ある程度のインフレが1番良い!!

日本では年2%のインフレ率を目指す金融政策を実施

 人工知能

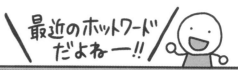 最近のホットワードだよねー!!

AI = Artificial Intelligence

AIの定義は人によってバラバラだが共通しているのは
"人工的に作られた、知能に近い存在"ということ。

ディープラーニングという手法によって レベルUP
急速に賢くなったため様々な分野に活用されている!

ディープラーニング、て何!?

しんそうがくしゅう
深層学習という意味。人間が自然に行う行動を
コンピュータに学習させる機械学習の手法の1つ。

例 あらかじめ猫の画像をたくさん読みこませておくと
新しい画像を読み込ませた時にAIが自発的に
判断するようになる!!

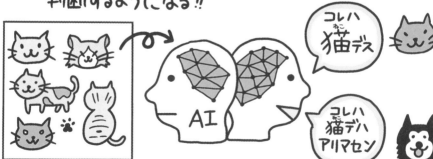

コレハ猫デス

コレハ猫デハアリマセン

キャッシュレス　P.44　　ダイナミック・プライシング　P.96
4つの産業革命　P.144

◉ 関連する項目

AIの活用には大量のデータが必要となる。

そこで 注目 されているのが <u>ビッグデータ</u>

多種多様な場所から
多様な形式で毎日集まってくる
データのことをいう。

一般的（いっぱんてき）なソフトウェアでは解析（かいせき）できず
AIで分析（ぶんせき）することで
ダイナミック・プライシングなど
様々（さまざま）な分野への応用が期待される✨

データは2つに分けられる

 ＼アメリカが独占／

日本はここに活路を見出す！／

バーチャルデータ
インターネットから得られる情報

Google
検索（けんさく）

Amazon
商品検索（けんさく）

SNSの
投稿（とうこう）

リアルデータ
現実の活動から直接得られる情報

病院の
治療（ちりょう）

薬の処方（しょほう）
データ

Suicaなどで分かる
移動（いどう）履歴（りれき）データ

キャッシュレスの
販売（はんばい）データ

23

SDGsとは…現在 世界をあげて取り組んでいる目標🚩
Sustainable **D**evelopment **G**oals の略。

危機感 今のままでは
地球で生きることさえ
難しくなる!!

2015年 国際連合

そこで!!

ずっと地球で暮らしていくために定められた目標が
(=持続可能性)　　　　SDGsである!!

環境🍃や人の権利☺の
問題の改善の他
経済💰の活動も活発に
なるようにするための目標でもある。

〈SDGsの仕組み〉

中心となる**17**の大きな目標

↓

目標を実現するための具体的な**169**のターゲット

↓

2030年までに
達成を目指すよ!

↓

ターゲットの達成度合いが分かるように細かな**232**の指標

ESG　P.14　　SDGsの17の目標　P.26
持続可能性（サステナブル）P.70　　デジタルディバイド　P.98

◉関連する項目

SDGsは単なるスローガンではない!!

イノベーションが必要

現在

よし!!
行くどっ!!

SDGsが掲げる未来像

っしゃ !!

Goal

そこには新たなビジネスチャンス💰がある

（例）SDGs Goal3「すべての人に健康と福祉を」

**ベンチャー企業が
ドローンで血液を配達**

課題

|アフリカ|
5歳未満の子どもの死亡率が高い……

アフリカ諸国では輸血に
必要な血液が十分に
いきわたっていない

目標達成

国土が広いためベンチャー
企業がドローンを使って
血液を配達

これによってドローン物流の
商業化が成功💰✨✨

このようなSDGs達成による
市場規模は…**1300兆円**以上になると
予測されている!

あ
か
さ
た
な
は
ま
や
ら
わ

持続可能な開発目標
世界中が力を合わせて達成しよう!!

SDGs の 17 の目標

1 貧困を なくそう 	すべての種類の 貧困を すべての場所で 終わらせよう	

2 飢餓を
ゼロに

食事ができない
人をなくし
持続可能な
農業を促進しよう

3 すべての人に
健康と福祉を
年齢に関係なく
人々の健康的な
生活を守り
福祉を充実させよう

4 質の高い教育を
みんなに
平等に質の高い
教育を受けられ
一生勉強ができる
環境をつくろう

5 ジェンダー平等を
実現しよう
性別的な差別を
なくし
女性と女児の
社会的な立場を
尊重しよう

6 安全な水とトイレ
を世界中に
全ての人々が
水と衛生サービスを
受けられるように
持続可能な
管理をしよう

7 エネルギーをみんなに
そしてクリーンに
電気など手ごろで
信頼できる
持続可能な
エネルギーのサービスを
受けられるようにしよう

8 働きがいも
経済成長も
持続可能な
経済成長により
働きがいのある
人間らしい仕事が
できる環境にしよう

SDGs P.24 | 持続可能性（サステナブル） P.70
持続可能な漁業 P.72 | ダイナミック・プライシング P.96

関連する項目

9 産業と技術革新の基盤をつくろう
インフラの整備 持続可能な産業化とイノベーションを進めよう

10 人や国の不平等をなくそう
国や地域に関係なくすべての人々が平等になるようにしよう

11 住み続けられるまちづくりを
安全で人間らしい暮らしができる持続可能な都市を目指そう

12 つくる責任 つかう責任
リサイクルなど持続可能な消費と生産の仕組みを確立しよう

13 気候変動に具体的な対策を
気候変動などの自然災害から人々を守るための対策をしよう

14 海の豊かさを守ろう
海と海洋資源を持続的に守り持続可能な形で利用できるようにしよう

15 陸の豊かさも守ろう
地上の生物を保護し絶滅から救い森林を持続可能な形で管理し砂漠化を防止回復しよう

16 平和と公正をすべての人に
安全で平和に暮らせるように犯罪などから保護し効果的な法律などの制度をつくろう

17 パートナーシップで目標を達成しよう
持続可能な開発に向けて世界中が力を合わせ目標に向かって取り組もう

SDGsでは包摂性が重要キーワード
全ての人を取り残さないこと！

あ か さ た な は ま や ら わ

27

コロナ禍による景気低迷から抜け出すために
各国は財政支出を強化している。

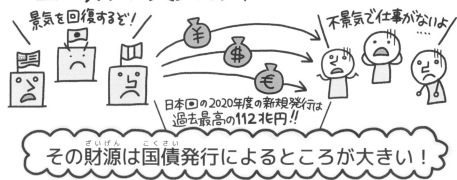

景気を回復するぞ!

不景気で仕事がないよ
……

日本国の2020年度の新規発行は
過去最高の112兆円!!

> その財源は国債発行によるところが大きい!

一般論 国債＝国の借金
借金が増えると将来返済するときに困る!

これは
大問題
だぞ!!

> 国債の増大で借金が増え財政は破綻する!

VS

MMT(Modern Monetary Theory) 現代貨幣理論

自国の通貨(日本の¥円・アメリカの$ドルなど)を発行でき
過度なインフレの恐れがないのであればいくら
国債を発行しても自国のお金で返済できる!

問題
ナイデス♪

> 国債が増えても財政が破綻する心配はない!!

| 赤字国債 P.6 | EUとBrexit P.16 | 国の借金の賛否両論 P.52 |
| 税金 P.90 | 日本の借金 P.108 | 日本は借金大国 P.112 |

MMTは貨幣の考え方が異なる

一般論 物々交換の不便さを解消するために必要となった価値あるモノ＝金(ゴールド)や銀 → やがてお金になっていった‼

紙幣は価値のあるモノ＝金(ゴールド)と交換するものとして生まれた。
→ 金兌換券

MMT 貨幣は国が無から造り出すもの

まず貨幣の発行があって税金は後から徴収する

発行が先

- ☑ 国債の返済は無から貨幣を発行すればいいだけ
- ☑ 返済財源としての将来の増税は不要。財政赤字もOK！
- ☑ 政府の財源のために税金を徴収する必要もない

じゃあMMTで税金は何のためなの？

すべての国民に貨幣を使わせるため！

取引は「円」にしよう

そうだね！「円」で税金を払わないといけないね！

するとみんなが「円」を使うようになる！

あ か さ た な は ま や ら わ

Life（人生）Time（時間）Value（価値）

お客さん一人が 一生で そのサービスに
いくら 🪙 使ってくれるかという指標

例えば…
月額1000円のサービスも…
ちりも積もれば 山となる
10年後
12万円
×お客さんの人数となり
総額は大きな金額となる!!!

しかも 新しい顧客を獲得するより今の顧客を
大事にした方が良い!!

〈1対5の法則〉
なぜなら

継続しまーす
今のお客
今の顧客に引き続き顧客で
いてもらうためのコスト

うーん…どうしようかな…
5倍
新しいお客
新しい顧客を得るための
コストは5倍かかる!

by
フレデリック・F・ライクヘルド氏

特にこれからの日本🗾は人口が減っていくためコスト的に
一度つかまえたお客を長く引き留める方が コスパが良い

そこで登場したのが……

サブスクリプション

そういえば最近
「サブスク」ってよく聞くな♪

ユーザーが毎月、または1年間分まとめて代金を支払う
ことで、製品やサービスを利用できる販売方法のこと。

映画や音楽
見放題
Amazonプライムビデオ
Netflix

洋服が定額料金
で借り放題
メチャカリ

その他 …… 自転車、車
コスメ、食材、絵本
おもちゃ、飲食
など
いろいろな分野に
広がっている!!!

基本タダだから
ずっと使っちゃうんだよな……

フリーミアム

Free（無料）とPremium（割増）を合わせた造語。
基本的なサービスを無料で提供し、特別な機能の
利用には課金してもらう仕組みのこと。

クックパッド
殿堂入りやプロの
レシピが分かる

食べログ
ランキング検索が
可能

その他…
写真AC、radiko
Dropbox、マンガBANGなど
サービスは広がっている。

あ
か
さ
た
な
は
ま
や
ら
わ

31

⟨現代の紙幣は金(ゴールド)の預かり証がはじまり⟩

金を預かり業者に預けると預かり証が発行され、その預かり証を持っていけば誰でも金と交換してくれた

18世紀のイギリスでは金を大量に保有し、厳重な保管設備を持っていた金細工職人や宝石商人が預かり業者の役目を果たしていた。

ここから発展した紙幣制度が 金本位制‼

紙幣を銀行に持っていくと金と交換できる制度

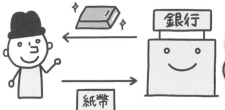

金本位制がイギリス🇬🇧から始まったのは、産業革命で綿製品などの大量生産に成功し貿易により大量の金を獲得したから！

金と交換できる金本位制による紙幣は 金兌換券と呼ばれ信用力から世界に広がった‼

これは良い方法だ──‼金本位制を我が国でも取り入れよう‼

しかし 経済が発展していくと金本位制にも…… **欠点**が出てきた

世界大恐慌　P.94　｜　ハイパーインフレとお金の供給量　P.118
４つの産業革命　P.144
◎関連する項目

〈金本位制が終わりを迎えるまで〉

金本位制では金の保有量に応じて紙幣の発行量が決まってしまう。

> 経済規模が大きくなったり、不況対策のためにたくさんお金が必要になっても自由に増やすことができない

1929年　世界大恐慌

世界中が大不況になり景気回復のため大量のお金が必要になった。

> 次々と金本位制が廃止される!!

1944年　ブレトン・ウッズ体制

第二次世界大戦後、アメリカが中心となって構築した世界の経済秩序・経済体制。

> 金は米ドルとのみ交換できるようになった。

だから米ドルは基軸通貨と呼ばれるんだね

1971年　ニクソンショック

アメリカの圧倒的な経済的優位が揺らぎドルの信頼が急速に低下↓

> ニクソン大統領が金と米ドルの交換停止を発表!!

こうやって金本位制は終わりを迎えたのか……　なるほど!!

あ
か
さ
た
な
は
ま
や
ら
わ

GAFA
（ガファ）

＜以下**4社**の頭文字をとった略語＞

Google
検索プラットホーム
YouTube・Android

ガファではなく
ガーファと言うこともあるよ

この4社だけで
時価総額**300兆円** $
まさに……

Amazon
大手通販・音楽配信
Alexaなどの
スマートスピーカー開発

アメリカ🇺🇸を代表する
デジタル企業の代名詞!!

日本🇯🇵のGDP
536兆円にも迫る

Facebook
Facebook・Instagram
などの世界的SNS

Apple
iPhone
Mac・iPadなど

こんな言い方も
あるよ!!

パソコンのWindowsで有名な
マイクロソフト（Microsoft）
を加えて**GAFAM**（ガファム）

または

映像サービスで有名な
Netflix
を加えて**FAANG**（ファング）

GAFAはユーザーやサードパーティー（第三者の企業や団体）に
サービスの基盤を提供している!!

このような
企業を

プラットフォーマー という。

ネットワーク効果　P.114 ｜ プラットフォーマー　P.130
ミリオネアとタックスヘイブン　P.142

◎ 関連する項目

あ
か
さ
た
な
は
ま
や
ら
わ

やるなー！

GAFAって すごいなぁ―――!!
利益 $ も 影響力 ⚡ もスケールが大きい↑

しかし

＼ GAFAには批判の声もある…… ／

利益 $ に
対する
批判

まぁ違法
じゃないんだけど…

GAFAは自国でかなり利益を出してるのに
<u>タックスヘイブン</u>を使って課税を逃れている！

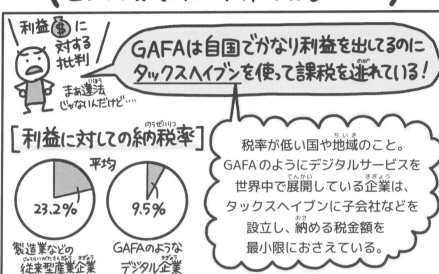

[利益に対しての納税率]

平均

23.2%
製造業などの
従来型産業企業

9.5%
GAFAのような
デジタル企業

税率が低い国や地域のこと。
GAFAのようにデジタルサービスを
世界中で展開している企業は、
タックスヘイブンに子会社などを
設立し、納める税金額を
最小限におさえている。

影響力 ⚡ に
対する
批判

力が
あり過ぎる…

GAFAの影響力が大きすぎて問題も発生。
ある程度、規制すべきなのでは!?

（効果）
〈アマゾン・エフェクト〉

Amazon

アメリカで小売店が
次々と閉店

アマゾンとっても
便利デース♡

CDショップ　本屋

（嘘）
〈フェイクニュース〉

拡散

Facebook

拡散

えー!?
そうなの？

株価 = 株式の価格のこと

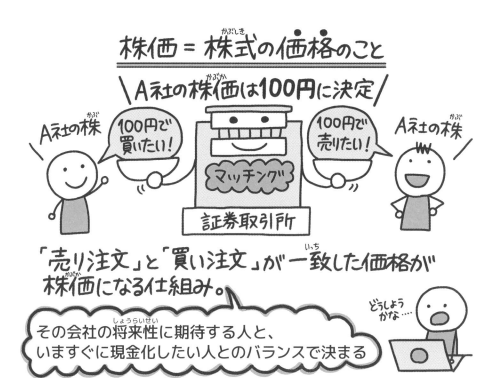

\A社の株価は100円に決定/

A社の株
100円で買いたい！

マッチング

証券取引所

100円で売りたい！
A社の株

「売り注文」と「買い注文」が一致した価格が株価になる仕組み。

どうしようかな…

その会社の将来性に期待する人と、いますぐに現金化したい人とのバランスで決まる

証券取引所では個別の株価だけではなく全体の株価動向が分かる指標を発表!!

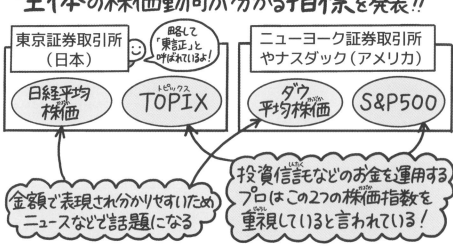

東京証券取引所（日本）	ニューヨーク証券取引所やナスダック（アメリカ）

略して「東証」と呼ばれているよ！

日経平均株価 ・ TOPIX(トピックス)

ダウ平均株価 ・ S&P500

金額で表現され分かりやすいためニュースなどで話題になる

投資信託などのお金を運用するプロはこの2つの株価指数を重視していると言われている！

あ
か
さ
た
な
は
ま
や
ら
わ

日経平均株価（かぶか）

東証に上場している会社のうち日本経済新聞社📰が選んだ225社の平均株価。

（トヨタ自動車）（イオン）（味の素）（パナソニック）（丸紅）など

> 日本🗾を代表する企業の平均株価となっている！

TOPIX（トピックス）

1968年1月4日時点の一部上場企業の時価総額を100としたときに現時点でいくらになるのかという株価指数。

> 指数とは基準を定めてそれと比べてどうかを表した数値のことだよ！

株価 ✕ 発行済株式総数 ＝ 時価総額

TOPIX（トピックス）は会社が発行している株式数も考えて時価総額の指数を表しているもの!!

ダウ平均株価（かぶか）

ニューヨーク証券取引所やナスダックに上場している会社のうち30社の平均株価。

（アップル）（マイクロソフト）（マクドナルド）（ナイキ）など

> S&Pダウ・ジョーンズ・インデックスが算定している。たった30社だが世界的な企業🏢がそろっている！

S&P500

ニューヨーク証券取引所やナスダックに上場しているアメリカ🇺🇸企業のうち500社を選んだ指数。

（アップル）（アマゾン）（フェイスブック）（アルファベット（グーグルの親会社））など

> ダウ平均株価と同じくS&Pダウ・ジョーンズ・インデックスが公表している時価総額の指数！

必要な資金を多くの人に少しずつ出してもらうことで
つくられた会社を**株式会社**という。

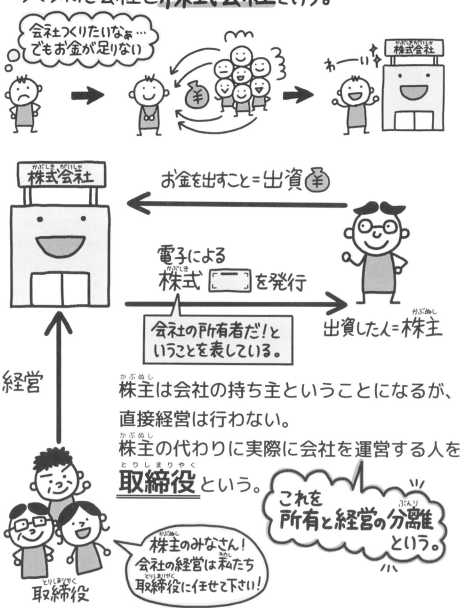

会社つくりたいなぁ…
でもお金が足りない

株式会社

わーい

お金を出すこと＝出資（¥）

株式会社

電子による
株式 □ を発行

会社の所有者だ！と
いうことを表している。

出資した人＝株主

経営

株主は会社の持ち主ということになるが、
直接経営は行わない。
株主の代わりに実際に会社を運営する人を
取締役という。

これを
所有と経営の分離
という。

株主のみなさん！
会社の経営は私たち
取締役に任せて下さい！

取締役

株主には会社が儲けて得た利益の一部を配る（配当）

ただし　会社がうまくいけば配当でお金をもらったり
値上がりした株を売ることで出資したお金よりも得をしたりするが
会社がうまくいかなかった場合は 損 をすることもある⚠

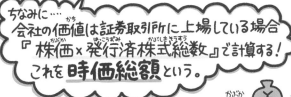

ちなみに…
会社の価値は証券取引所に上場している場合
『株価×発行済株式総数』で計算する！
これを 時価総額 という。

あわせておさえておきたいポイント

〈株主の権利〉
会社が儲けたら一部を配当として受け取ることができる。

株主総会という会議に出席して会社の重要な事項の決議ができる。

〈増資〉
新しい運営資金（資本金）が必要な時に新しく株を発行すること。

お金がいるのは会社を設立する時だけじゃないのさ

新しいプロジェクトのためにお金が必要

〈持分〉
発行済株式総数に対して自分が所有している株数の割合のこと。

100株 発行!!

私は10株もってるから持分は 10%

株式と投資信託

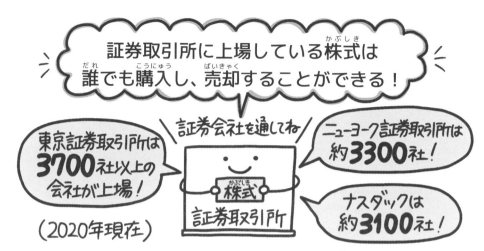

証券取引所に上場している株式は誰でも購入し、売却することができる！

証券会社を通してね

東京証券取引所は**3700**社以上の会社が上場！

（2020年現在）

ニューヨーク証券取引所は約**3300**社！

ナスダックは約**3100**社！

株式を売買する目的 ▶

\ ただし株価が下落すると損をする可能性もある！ /

売却益を狙うため（＝キャピタルゲイン）

5000円売却益／ 買 10000円 株式
株式 15000円 売

配当金をもらうため

株主 売上を還元します 会社

株主優待をもらうため

お食事サービス マッサージサービス

会社が自社の株式を証券取引所で売買できるようにすることを**株式上場**という。

上場するためには一定の条件をクリアしなければならない‼

確認 利益額

確認 会社の管理体制

よって‼ 上場している会社はそれ以外の会社に比べると……

信用力があると言われている‼‼

株価　P.36　｜　株式会社と株主　P.38
金融商品　P.48　｜　上場　P.82　｜　投資　P.102

 関連する項目

株式の売買を投資のプロに任せる投資信託には多くの種類がある！

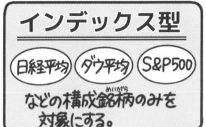

インデックス型

日経平均　ダウ平均　S&P500

などの構成銘柄のみを
対象にする。

アクティブ型

投資を担当する人が、自分の考えで
売買対象を決める。

よし！あそこに
しよう！！！

色々な型の要素を複数組み合わせて1つの商品になっている

バランス型
株式と債券を
混ぜて投資する。

グローバル型
海外の株式や
債券に投資する。

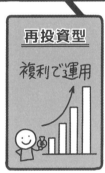

再投資型
複利で運用

分配型
利益を分配

投資信託もの購入時に売買手数料がかからないノーロードが
最近は多い。ただし投資信託には保有額に対して

信託報酬がかかる

目論見書と呼ばれる詳細を
記載した書類に書かれている！

信託報酬
〇％

仕方
ないか……

なるほど──

株式も投資信託も
運用によっては損をする
可能性もあるため
リスクのある金融商品！

あ
か
さ
た
な
は
ま
や
ら
わ

41

円¥をドル$などの外国通貨と替えるときの
交換レート(相場)のこと

1USドルと交換するのにいくらの円が必要かという形式で表現される!

〈1ドル$=120円になったら…〉

1ドルと交換するのにより多くの円が必要

円の価値ダウン

あーあ…

前は100円で良かったのに120円渡さないといけないのか…

円が安くなってドルが高くなった!
円安ドル高

1ドル=100円だったのが…

1ドル$=100円¥だと100円必要ってことね!

〈1ドル$=80円になったら…〉

1ドルと交換するのに少ない円で済む

円の価値アップ

ラッキー

前は100円必要だったけど80円で済んだぞ!

円が高くなってドルが安くなった!
円高ドル安

為替レートは市場における需要と供給で決まる!!

銀行間で通貨をやりとりするインターバンク市場のこと!

円をドルに替える(ドル買い)注文が多ければ「円安ドル高」になり、ドルを円に替える(円買い)注文が多ければ「円高ドル安」になるよ!

銀行　　銀行

替為レートが動く主な4つの理由

あ / か / さ / た / な / は / ま / や / ら / わ

① 金利差

2国間の差に注目!!

(例) アメリカの金利 ＞ 日本の金利

円をドルに替えて米国債などで
運用した方が儲かる!!

↓

円の供給が増えて
ドルの需要が増える。

円安ドル高となる

② キャリートレード

金利が低い方で借りればお得

アメリカの金利 ＞ 日本の金利の場合
銀行から資金を調達するコストが
日本の方が安いことを意味する。

円を安い金利で借りてその円を
ドルに替えて、ドルで運用すると儲かる!

円安ドル高となる

③ 貿易収支

(例) 日本の対アメリカ
貿易黒字が増えた

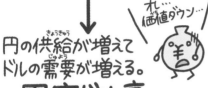

↓

このドルを円に替える必要が
あるため円の需要が高まる

円高ドル安となる

④ 物価(インフレ・デフレ)

(例) 日本：デフレ(値段が下がる)
アメリカ：インフレ(値段が上がる)

**同じお金で日本は多くのものが買え
アメリカでは少ししか買えない**

この時アメリカの人はドルを円に替えて
日本で買うと儲かる!

アメリカだと
1つだけだが
日本なら
3つも買える♪

このケースでは
円の需要が高まるため **円高ドル安**

43

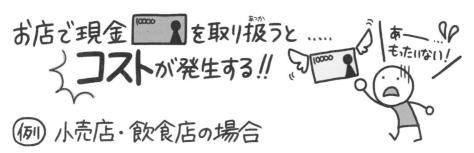

お店で現金 を取り扱うと.....
コストが発生する!!

あー...
もったいない!

例 小売店・飲食店の場合

閉店後にレジ現金の残高確認をする必要がある

レジ1台あたり **25分**

お店には
レジがいくつも
あるから…

1店舗あたり **153分**
スーパーマーケット

とんでもない
出費だ…

人件費に
換算すると…

年間 **5千億円** のコスト

> キャッシュレス化はこれらの手間やコストを削減し、
> 人手不足対策にもなると注目されている!!

2025年までにキャッシュレス決済比率を
現状の18.4%から
40%まで引き上げることを
目標にしている!!!

| AIとビッグデータ　P.22 | クレジットカード　P.54 |
| デジタルディバイド　P.98 | 労働生産性　P.152 |

◉ 関連する項目

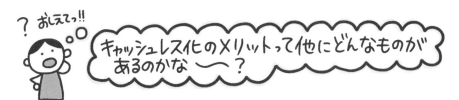

あ
か
さ
た
な
は
ま
や
ら
わ

タンス預金が銀行預金に置き換わることで
世の中にお金が循環し経済が活性化！

購買情報を把握しやすく
マーケティングに活用ができる!!

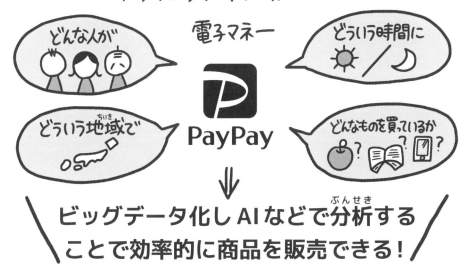

ビッグデータ化しAIなどで分析する
ことで効率的に商品を販売できる！

45

QRコード決済

お店で買い物や食事をしたときに現金で支払う代わりにQRコードとスマートフォンで支払うこと。「**スマホ決済**」ともいう。

利用するQRコード決済サービスにお金をチャージまたは銀行口座やクレジットカードを登録しておけばOK

ピ♪ OK

購買情報をビッグデータ化してマーケティングに利用している!!

ただし

「誰が」「いつ」「どこで」「何を買ったのか」は個人情報のため、管理を誰がするかなど課題も多い

＼実際にお店で使う場合やり方は**2つ**／

① 利用者提示型

お客さんが自分のスマホにQRコードやバーコードを表示させ、店員がレジのリーダーで読みこむ方法

② 店舗提示型

お店のレジに提示されているQRコードをお客さんがスマホで読みとって支払う方法

QRコードとは？
→ Quick Responseの略

バーコードを
マトリックス型に
したものだよ！

実は……QRコードを開発したのは
日本の自動車部品メーカーである
デンソーの子会社「デンソーウェーブ」
オープンソース（無償公開）だから
誰でも使える◎

日本🔲のQRコード決済の問題点

各社のQRコードが独自仕様だと
それぞれに対応したレジ端末が必要……。
すると!!

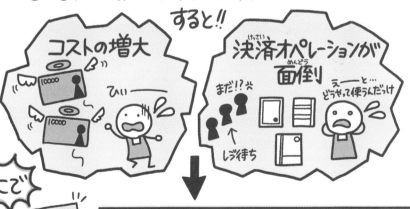

コストの増大
ひぃーーー

決済オペレーションが面倒
まだ!? えーと…どうやって使うんだっけ
レジ待ち

そこで

QRコードルール

産学官コンソーシアムによりQRコード
の統一技術仕様ガイドラインが完成!!

この規格にそって きちんと作られた
QRコードを**JPQR**という。

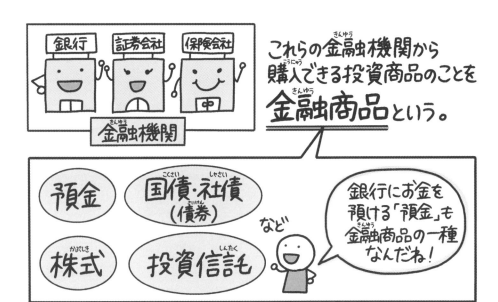

これらの金融機関から購入できる投資商品のことを **金融商品** という。

- 預金
- 国債・社債（債券）
- 株式
- 投資信託

など

銀行にお金を預ける「預金」も金融商品の一種なんだね！

預金　銀行預金にはいくつか種類がある！

いつでも引き出せる **普通預金**	一定期間引き出すことが原則としてできない **定期預金**	毎月一定額を積み立てる **積立預金**

<u>預金保険制度</u>が対象の預金は元本が保障される♥

もし銀行がつぶれてもお金を引き出すことができるのね！

預金の中でも……

- 利息のつかない普通預金などは **全額保障** ♥
- その他の預金は1金融機関あたり♥ **1000万円**まで**保障**
-
  ドル＄などで預ける外貨預金は制度の **対象外** ✕

あ
か
さ
た
な
は
ま
や
ら
わ

株式（かぶしき）株式会社の所有権（しょゆうけん）を意味する！

株式（かぶしき）は証券会社から購入（こうにゅう）でき、証券取引所は売りや買いの注文を出すための窓口的役割（まどぐちてきやくわり）。

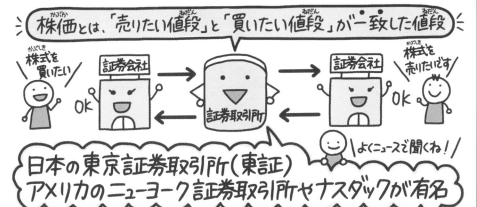

株価とは、「売りたい値段（ねだん）」と「買いたい値段（ねだん）」が一致した値段（ねだん）

株式（かぶしき）を買いたい / 証券会社 OK / 証券取引所 / 証券会社 OK / 株式（かぶしき）を売りたいです / よくニュースで聞くね！

日本の東京証券取引所（東証）
アメリカのニューヨーク証券取引所やナスダックが有名

債券（さいけん）国が発行する債券（さいけん）を「国債（こくさい）」 株式会社が発行する債券（さいけん）を「社債（しゃさい）」という。

100万円貸してくれたら毎年1%の利息をつけて5年後に返済します！
安心♡
債券（さいけん）
約束した証書のこと

投資信託（しんたく）株式（かぶしき）や債券（さいけん）の売買（さいけん）のプロに任せる金融商品（きんゆうしょうひん）。 証券会社だけでなく銀行からも購入（こうにゅう）できる。

私（わたし）に任せなさーい

ファンド / プロ

ファンドと呼ばれる箱に多くの人から多くの資金を集め、その資金をもとに複数の会社の株式（かぶしき）などを売買する！

お金を貸し借りするときの**使用料**のようなもの。

100万円を**年1%**の金利で借りる

1年間で**1万円**の利息を払うことになる

MEMO お金を貸し付ける・借りることを
法律では**金銭消費貸借契約**という。

一緒に
見ていこう♪

合わせて覚えておきたい用語

利子、利息	年利	金利、利率、利子率
お金の貸し借りによって もらえる使用料 支払う使用料	1年間の利率	これらは全て同じ意味！ 利息を貸し借りの金額で 割った割合のこと

実際に計算
してみよう♪

利回り

利息だけではない
投資全体の儲けの割合

額面100万円年利2%の国債を
99万円で購入(1年後償還)

（1年後）

返済額100万円 － 購入額99万円
＝ ＋1万円 ＋ 利息2万円
合計利益は3万円

利回りは 3万円 ÷ 99万円 ＝ **3.03%**

＜金利は両者の関係によって決まる＞

信用度
借りる期間
借り手

調達コスト
（どれくらいの金利で
調達したお金か）
貸し手

その他、物価や経済情勢も影響する

実際の金利決定は **インターバンク** の利率が
参考にされる！

銀行間の貸し借りのこと

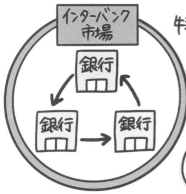

インターバンク市場

銀行

銀行 → 銀行

特にロンドン金融市場の金利である
LIBOR ライボー
(London Interbank Offered Rate)
が主要な参考指標とされていた。

例えばLIBOR＋2％！とかね
第1次世界大戦前までロンドンは
世界の金融市場の中心だったんだ

ところが イギリス当局🇬🇧の方針が変わり
2021年末以降 LIBORは
なくなるおそれが!!

おいっ！どうする!?
これから何を参考にする!?

今後の金融機関の対応に
注目が集まっている!!!!

あ
か
さ
た
な
は
ま
や
ら
わ

51

日本の国の借金は**1100兆円超** ｜ ほとんどは赤字国債

ヤバイよ!! ／ 大丈夫!

赤字国債が増えることは日本にとって大問題だ!! ｜ 否定派

全く問題ない!不況から脱却するにはむしろもっと増やしていい! ｜ 肯定派

両者の違いは赤字国債を返済するときに**増税**を**財源**とするかしないかがポイント

否定派の主張 ｜ 増税するしかない!!

赤字国債は将来国が債権者に返さなければならない

お金ナイ…どうしよう… ｜ 国債 ｜ 国債の山……

↓

将来的に増税して返済資金とするしか方法はない

増税! ｜ えそんなぁ

だから赤字国債が増えるのは問題なんだ!!

結果、将来世代の負担が増えることになる

赤字国債 P.6 ／ インフレとデフレ P.20 ／ MMT P.28
日本の借金 P.108 ／ 日本は借金大国 P.112

◉ 関連する項目

あ
か
さ
た
な
は
ま
や
ら
わ

肯定派の主張

増税の必要なし!!

国債の半分を持っているのは日本銀行

一緒に日本の経済政策を担っているよ!

右手 国 ♡ 日銀 左手

国債

むしろ否定派の発想は人々に増税の心配をあおり消費や投資を控えさせるという悪影響につながるだけ

日銀が国債を保有しているということは……
左手が右手にお金を貸しているだけで一つに合わせれば貸し借りは0!! だから増税などする必要はない!!

いせいせ……

日銀が国債を保有するのは実質的な財政ファイナンスだ! このままだと財政規律が乱れて**ハイパーインフレ**が起きるぞ

否定派の反論
高橋是清による財政ファイナンスがハイパーインフレを引き起こした歴史がそれを証明しているだろ!!

VS

特殊な例にすぎない

ハイパーインフレが起きたのは戦争費用のために無分別にお金を増やしたからだ!!

当時は金融政策の手法が発達していなかっただけ! インフレ管理を適切にすれば全く問題ない!!

肯定派の再反論

ちなみにMMTも肯定派
「お金は無から創り出すもの! 赤字国債は問題ない」

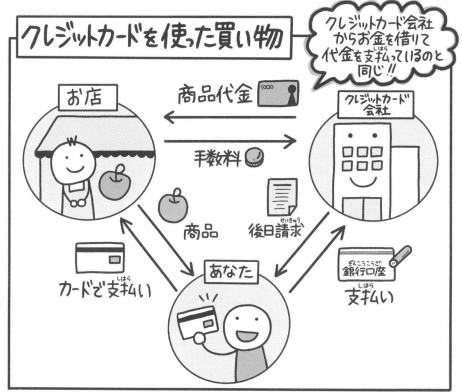

つまり クレジットカードで買い物すればするほど
借金が増えていくということ!!!

このように後から返さなければならないものを
会計では **負債** という。

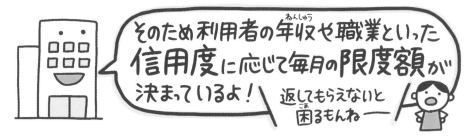

キャッシュレス P.44 ｜ QRコード決済 P.46 ｜ 🔗 関連する項目

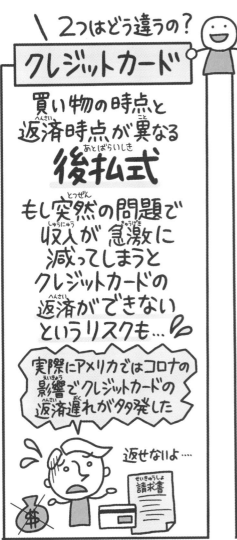

\ 2つはどう違うの？ /
クレジットカード

買い物の時点と
返済時点が異なる
後払式

もし突然の問題で
収入が急激に
減ってしまうと
クレジットカードの
返済ができない
というリスクも…

実際にアメリカではコロナの
影響でクレジットカードの
返済遅れがタタ発した

返せないよ…
請求書

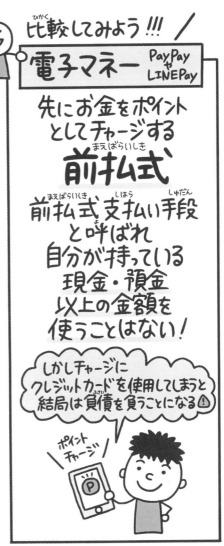

比較してみよう！！！
電子マネー PayPayや LINEPay

先にお金をポイント
としてチャージする
前払式

前払式支払い手段
と呼ばれ
自分が持っている
現金・預金
以上の金額を
使うことはない！

しかしチャージに
クレジットカードを使用してしまうと
結局は負債を負うことになる⚠

ポイントチャージ

クレジットカード会社はお店からの手数料で儲けている！！

例) 手数料5％の場合

1万円の商品 ← お店 ← 9500円 ← 500円手数料

(1万円×5％ = 500円の手数料)

経常収支

経常収支 = 国の**貿易**取引の状況を示す数値

収支とは　入金　と　出金　の**差額**

経常収支のうち主な**2**つを紹介しよう

それぞれAとBの「差」のことだよ

⟨①貿易収支⟩

A モノやサービスを国外へ輸出して得た代金の入金額

お受取します!

マイナス

B モノやサービスを国内へ輸入した代金の支払額

お支払します!

⟨②第一次所得収支⟩

A 日本企業における海外子会社からの配当金の入金額

お受取します

配当金など

マイナス

B 外資系企業における海外本社への配当金の支払額

お支払します

| GAFA　P.34 | 為替レート　P.42 | 投資　P.102 |

◉ 関連する項目

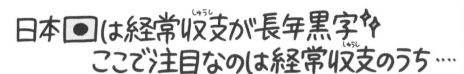

日本 🇯🇵 は経常収支が長年黒字や
ここで注目なのは経常収支のうち……

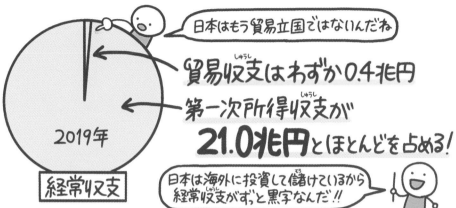

日本はもう貿易立国ではないんだね

貿易収支はわずか0.4兆円

第一次所得収支が
21.0兆円とほとんどを占める！

2019年

経常収支

日本は海外に投資して儲けているから
経常収支がずっと黒字なんだ!!

しかし　経常収支の黒字は国の経済力の強さを
直接示していることにはならない ⚠

？
ナゼ？

たしかにアメリカは経常収支が長年赤字なのに
GDPは世界一！GAFAはコロナ禍でも好調よね？

アメリカの場合 🇺🇸

国内市場の購買意欲が高いため
輸入が大きい

タクサン
カイタイデース

どんどん
輸入!!

経常収支が赤字！

日本の場合 🇯🇵

国内市場の成長が見込めず海外
企業に投資して儲けている

投資

海外

配当

第一次所得収支が大幅黒字！

KYCとは（**K**now **Y**our **C**ustomer）の略で、
本人確認 のことをいう。
コンサートチケットの転売防止としても注目されている。

例 空港出国ゲートでのKYC

パスポートの写真データとゲートに来ている人間が
一致しているかをチェック!!

＜人が行う場合＞

ピッ!

＜機械が行う場合＞

現在 注目 !!
されているKYCとは……

生体認証

目　顔　静脈　指紋

顔や指紋、静脈など人間の
体の一部を使って、本人確認
をするためのシステム。

成田空港 ✈ では
出入国審査で顔認証システムが
導入されている!!

キャッシュレス　P.44　｜　シェアリングエコノミー　P.68

◎ 関連する項目

生体認証が広がれば将来どんなことが可能になるの?

手ぶらで買い物や食事もOK♪

店員はいちいちお釣りを渡したり、クレジットカードの手続きをする必要なし。結果、生産性の向上につながる。

お店もより直接的なサービスに集中できるというメリットも◎

自分自身が鍵になる!

パスワード管理に必要なコストをカット!結果、生産性の向上につながる。

ちなみにパスワードが犯罪者にバレてしまったことでおこる全世界の経済損失は60兆円以上

架空口座や他人名義口座を使ってお金を転々とさせることでお金の出所を分からなくすることをマネーロンダリングという!!

ちょっと待った!!!

防止する取り組みをアンチマネーロンダリングという。(AML)

反社会勢力やテロ組織に資金が流れないようにするためにも生体認証は期待されている。

あ
か
さ
た
な
は
ま
や
ら
わ

59

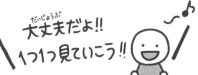

企業が1年間の会計 の数値を整理して
決算書（財務諸表）を作成すること。

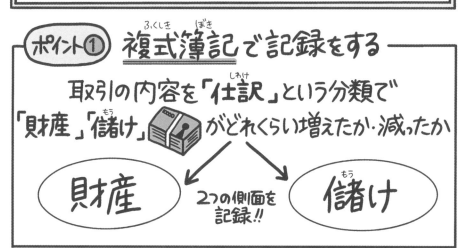

ポイント①　複式簿記で記録をする

取引の内容を「仕訳」という分類で
「財産」「儲け」がどれくらい増えたか・減ったか

財産 　2つの側面を記録!! 　儲け

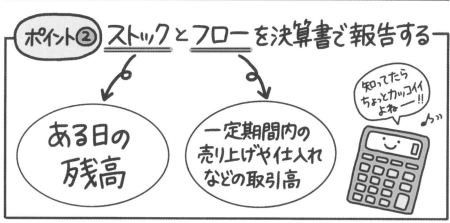

ポイント②　ストックとフローを決算書で報告する

ある日の残高

一定期間内の売り上げや仕入れなどの取引高

| 赤字国債　P.6 | 株式会社と株主　P.38 |
| 上場　P.82 | 日本の借金　P.108 |

◉ 関連する項目

あ
か
さ
た
な
は
ま
や
ら
わ

決算については分かったけど……

決算書（財務諸表）って具体的に何のこと？

この2つを合わせた呼び方

ストック
貸借対照表
(Balance Sheet - B/S)

会社の
資産 と 負債

資産
現金などの
プラス↑の財産

負債
借入金などの
返済義務のある
マイナス↓の財産

表にしたもので資産負債の
規模やバランスを
示したもの

＋

フロー
損益計算表
(Profit and Loss - P/L)
Statement

会社の「売り上げ」や
「利益」などを示したもの

費用
20万
利益
80万

売上
100万

よし！

なるほど

ストックを表したのが貸借対照表で
フローを表したのが損益計算表だね！

ちなみに……〈国の貸借対照表〉

国も決算書
を作るんだよ!!

現預金は
プラス↑の
財産だよね！

資産		負債	
現預金	46	公債	999
有価証券	127	借入金等	110
貸付金	107	その他の負債	164
その他の流動資産	136	負債合計	1273
固定資産	265	資産負債差額	△592
合計	681	合計	681

（2019年度末　単位：兆円）

公債などは
あとで返さな
ければならない
からマイナス↓
の財産……。

61

日本では「20歳以上60歳未満」の人は必ず
国民年金（基礎年金）に加入しなければならない!

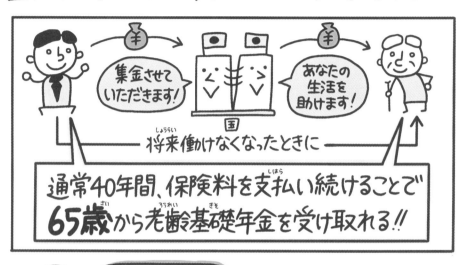

集金させていただきます!

あなたの生活を助けます!

将来働けなくなったときに

通常40年間、保険料を支払い続けることで
65歳から老齢基礎年金を受け取れる!!

会社員の場合

厚生年金という制度に加入する。

保険料（国民年金保険料も含まれる）の一部を会社が
負担してくれる。老齢基礎年金に上積みされる。

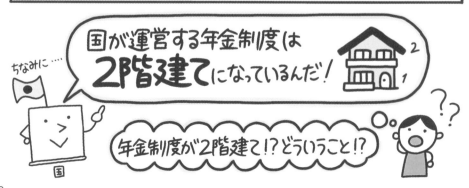

ちなみに……

国が運営する年金制度は
2階建てになっているんだ!

年金制度が2階建て!? どういうこと!?

2階部分 厚生年金

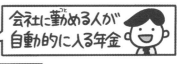 会社に勤める人が自動的に入る年金

1階部分 基礎年金（国民年金）

20歳以上の人は学生など働いていない人もすべてが対象になる

この2つの年金を合わせて「公的年金」という!!

公的年金は所得から引くことができるから所得税が安くなるというメリットがあるよ

 自営業・フリーランスの場合

基礎年金のみで厚生年金がない

そこで 国民年金基金 という任意加入の制度!

「加入するか」「掛け金をいくらにするか」「保証期間は何年か」すべてを自分で決めて組み立てる公的な個人年金

将来のために加入しておこー♪

国民年金基金に加入すれば65歳から2階建ての年金を受け取れるよ!

国民年金基金 2
基礎年金 1

国民年金基金も「公的な年金」だから掛け金に応じて所得税が安くなるのがうれしいね!!

iDeCoと国民年金基金は別の制度だけど、二つの掛け金の合計額には限度があるよ!! おぼえておこう!

あ
か
さ
た
な
は
ま
や
ら
わ

経済に関する政策は大きく**2**つある!!

1つ目は**国**が行う　財政政策

公共事業にお金を
支出したりするよ

景気を良くするために!!

(財政支出)　(減税)

財政支出に必要な
お金を確保するために!!

(国債の発行)

2つ目は**中央銀行**が行う　金融政策

日本🇯🇵では日本銀行（日銀）
アメリカ🇺🇸ではFRB（連邦準備理事会）

私が独自に
行っているよ!

物価の安定と失業率の低下のために
主に公開市場操作(オペレーション)により行われる。

[国債、ETF(上場投資信託)、REIT(不動産投資信託)などを
買い入れ(買いオペ)たり・売却(売りオペ)したりすること]

景気を良くしたい

金融緩和政策

過熱した経済を引き締めたい

金融引き締め政策

中長期的な
景気には
金融政策が重要
だと言われているよ

お金を市場に供給するため
国債を購入する買いオペ

お金を市場から吸収するため
国債を売却する売りオペ

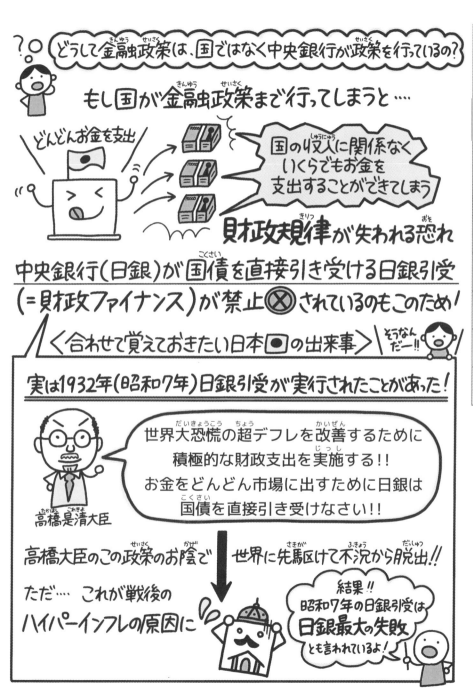

どうして金融政策は、国ではなく中央銀行が政策を行っているの？

もし国が金融政策まで行ってしまうと……

どんどんお金を支出

国の収入に関係なく
いくらでもお金を
支出することができてしまう

財政規律が失われる恐れ

中央銀行（日銀）が国債を直接引き受ける日銀引受
（＝財政ファイナンス）が禁止⊗されているのもこのため！

〈合わせて覚えておきたい日本🔴の出来事〉 そうなんだー!!

実は1932年（昭和7年）日銀引受が実行されたことがあった！

高橋是清大臣

世界大恐慌の超デフレを改善するために
積極的な財政支出を実施する!!
お金をどんどん市場に出すために日銀は
国債を直接引き受けなさい!!

高橋大臣のこの政策のお陰で 世界に先馬区けて不況から脱出!!

ただ…… これが戦後の
ハイパーインフレの原因に

結果!!
昭和7年の日銀引受は
日銀最大の失敗
とも言われているよ！

65

その国の経済活動の規模が分かる数字
国の経済力や豊かさを示す指標

GDP = Gross Domestic Product の略で

国内総生産のこと。

日本のGDPは
536兆円(2017年)

企業が国内で商品を売買するなどして
得た儲け🏷の総数!!

\ 例 2人だけの国 GDPの考え方 /

① AさんとBさんの2人だけの国	② AさんがBさんにリンゴを 100円で売った

③ Bさんが国外の人に そのリンゴを150円で売った	④ Aさんは100円 Bさんは50円 儲けた!!
	2人だけの国 GDPは 150円

人々の生活力をより判断しやすい数字として
一人あたり GDP がある。

あ
か
さ
た
な
は
ま
や
ら
わ

GDPを人口で割った金額!!

GDP / 人口数 = 一人

一人あたりGDPの目安として

30万円を超えると…
ブータンやモロッコがこれくらい

家電

が広がり…

50万円を超えると…
パラグアイやトンガがこれくらい

自動車

が広がる!!

一人

日本の一人あたりGDPは423万円！(2017年)

日本のGDPはここ10年ほとんど変わらないが、
人口が減っているため一人あたりGDPは増えている。

スマホやインターネットなどの
ICT を利用して

<u>I</u>nformation and
<u>C</u>ommunication <u>T</u>echnology の略
インターネットやスマホなどの情報通信技術を
利用した産業やサービスのこと

×

複数の人と資産を
共有（シェア）して
使うこと

みんなの
もの一♪

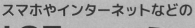

例 シェアサイクル

Let's Share ♡

将来的には
スマホではなく
生体認証で
できちゃうかも…

使い終わったら同じ
場所か別の設置所に
返却すれば OK！

「会員登録」や「自転車の予約」
「設置場所」や「返却場所の検索」
「使用料金の支払い」などにはスマホ
を使うよ！

駅前など決められた設置所にある自転車を、
会員登録している人なら誰でも使うことができる！

自転車は使っていない時間は置いておいてもムダだけど これだと限られた「モノ」を**有効に活用**できるね!!

シェアリングエコノミーでは自転車だけではなく、
ありとあらゆる資産を共有する考えが広がっている!

モノ
車、服、バッグ

場所
民宿、レンタルスペース

みんなで **シェア!**

スキル
家事代行、介護育児(かいご)

時間
ウーバーイーツ、運転代行

日本 🇯🇵 のシェアリングエコノミーの市場規模は
2017年で600億円だったが
2021年には1000億円 に伸びる↗↗
と予想されている!

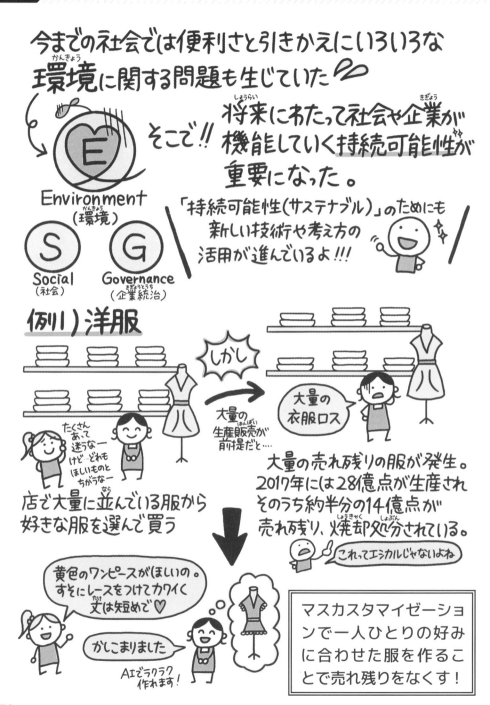

今までの社会では便利さと引きかえにいろいろな
環境（かんきょう）に関する問題も生じていた

そこで‼

将来（しょうらい）にわたって社会や企業（きぎょう）が
機能していく持続可能性が
重要になった。

Environment
（環境）（かんきょう）

S
Social
（社会）

G
Governance
（企業統治）（きぎょうとうち）

「持続可能性（サステナブル）」のためにも
新しい技術や考え方の
活用が進んでいるよ‼‼

例1）洋服

しかし

大量の
生産販売（せいさんはんばい）が
前提だと…

大量の
衣服ロス

たくさん
あって
迷うなー
けど…どれも
ほしいものと
ちがうなー

店で大量に並（なら）んでいる服から
好きな服を選んで買う

大量の売れ残りの服が発生。
2017年には28億点が生産され
そのうち約半分の14億点が
売れ残り、焼却処分（しょうきゃくしょぶん）されている。

これってエシカルじゃないよね

黄色のワンピースがほしいの。
すそにレースをつけてカワイく
丈（たけ）は短めで♡

かしこまりました

AIでラクラク
作れます！

マスカスタマイゼーションで一人ひとりの好みに合わせた服を作ることで売れ残りをなくす！

ESG　P.14 ｜ SDGs　P.24 ｜ SDGsの17の目標　P.26
持続可能な漁業　P.72 ｜ ダイナミック・プライシングP.96

⊕ 関連する項目

例2)コンビニ

\24時間いつでも/

しかし

常に在庫を
置いておく必要が
あるため…

フードロス

売れ残った
まだ食べられる
食品が捨てられる

2015年に日本🔲は646万トンの食品ロスを出している。
これは大型トラック**1770台分**の食品を毎日捨てている計算。
世界の食料廃棄量は年間約**13億トン**‼

すごい量の
フードロス
だなぁ…。

これは人の消費のために生産された食料の **1/3**

半額！

2割引！

AI

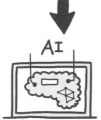

> ダイナミック・プライシング
> で値引きを行ったり、AIで
> 効率的な発注を行ったりす
> ることで売れ残りを減らす
> ことができる！

例3)車

Myカー

自家用車が増える

しかし

便利には
なったが…

渋滞や車の排気ガス
古い車がゴミになる問題

みんなで一緒に

シェア‼

> シェアカーでみんなが1台
> の車を使ったり、シェア
> サイクルが広まって自転車
> 移動が便利になれば、便利
> さはそのままで、より持続
> 可能な社会に近づく！

あ
か
さ
た
な
は
ま
や
ら
わ

海洋生物の数は1970年から比べると約**半分**になってしまっている!!

日本の漁業・養殖生産量は

1984年　1282万トン　→　2016年　436万トン

> 特にニシン は ピーク時には100万トンも 獲れていたのが2015年は **1%以下**の4千トン強と なっている……↓↓

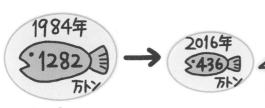

原因　世界的に魚を獲りすぎている!

このままだと海から魚がいなくなっちゃうよ…

違法・無報告・無規制 に行われている
IUU 漁業
Illegal,
Unreported and
Unregulated

適切な管理が されていない漁業による
乱獲

ダイナマイト漁のような 環境を破壊する漁業

SDGs　P.24 ｜ SDGsの17の目標　P.26
持続可能性（サステナブル）　P.70

◉ 関連する項目

MSC が設立

（Marine Stewardship Council - 海洋管理協議会）

海の資源がなくならないように適切に管理した 漁業を広めるための国際非営利団体

「持続可能な漁業」と認められた 漁業でとられた水産物には
MSC「海のエコラベル」
とよばれる青い魚の ラベルをつけることが できるよ！

海のエコラベル
持続可能な漁業で獲られた水産物
MSC認証
www.msc.org/jp

さらに日本発で世界に認められている **MEL**（Marine Eco-Label Japan：メル） という漁業、養殖と流通・加工がそろっ ている水産エコラベルもある。

＜日本の取り組み例＞

イトーヨーカ堂

責任ある養殖業で生産された 水産物を選択できるよう支援

日本マクドナルド

フィレオフィッシュは MSC認証の魚を使う

あ
か
さ
た
な
は
ま
や
ら
わ

73

労働力人口(15歳以上で働く意欲のある人)のうち
仕事に就いていない人の割合のこと。**2種類ある。**

自然失業率 (統計がないため推定の数字になる)

景気が良い悪いに関係なく一定割合存在する失業率

お世話になりました
退職届
休けい

アメリカでは5%
日本では3%程度
いるみたいだよ

完全失業率 (労働力調査というアンケートによって毎月算出)

総務省統計局が毎月発表

就職活動をしているのに仕事に就けない人の割合のこと

私の長所は……
内定

働きたいのに…
仕事が見つからないよ…

月末の1週間のうち一度も仕事ができなかった人の数と労働力人口の割合

毎月の雇用状況を判断する上で重要な指標となるため
数値の正確性よりも**速さを重視** している!

だからアンケートっていう統計的手法を用いているんだね!

株価　P.36 ｜ 為替レート　P.42

あ
か
さ
た
な
は
ま
や
ら
わ

完全失業率の他にも雇用に関する指標には
有効求人倍率がある！

ハローワークの情報をもとにしていて数字が大きいほど景気が良いんだよ♪

求人数を求職者数で割った数字のこと

会社 10名募集 ／ ÷ 働きたいです!! ＝ **2倍**
5名

＜失業率で経済は大きく動く＞

中央銀行(日銀など)の金融政策は失業率をいかに
低くするかが重要なターゲット!!

＼失業率によって株価や為替レートも大きく動くよ

特にアメリカ🇺🇸の**雇用統計**(非農業部門雇用者数)
には世界が注目している!!

毎月第1
金曜日

事業所の給与支払い帳簿という資料をもとに
農業部門を除く雇用者数が前月に比べて
どれだけ**増減**したかを発表!!

(ポイント) 率じゃなくて増減数だよ

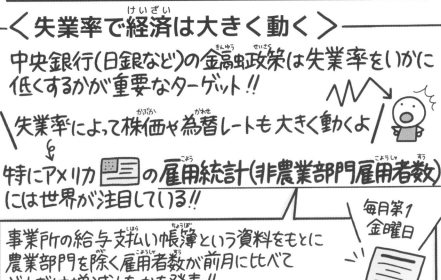

(例) 雇用統計で
予想以上に大きく
雇用が増えた

景気が
いいな!!

→ 株価が上がる
"
ドル💲で運用した方が儲かる
↓
ドルの需要が高まるため
円安ドル高になりやすい

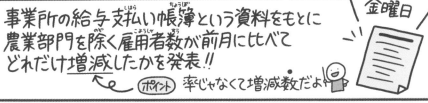

自動車  産業は **CASE**（ケース）という
新しい時代の流れへの対応を迫られている。

Ⓒ コネクテッド
（Connected）

コネクテッドカーとは！？
車両の状態や周囲の道路状況などの様々なデータをセンサーで取得してネットワークを通じて分析できる車のこと

事故を起こした
ときに自動的に通報

110番
あわわ…

車を盗まれたときに
自動追跡するシステム

発見！

保険会社と情報を共有
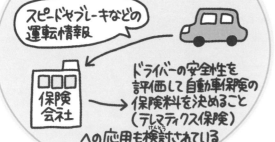
スピードやブレーキなどの運転情報
保険会社
ドライバーの安全性を評価して自動車保険の保険料を決めること（テレマティクス保険）への応用も検討されている

あ
か
さ
た
な
は
ま
や
ら
わ

Ⓐ 自動運転 (Autonomous)

人間がハンドルを握って操作しなくても車が人間を目的地まで安全に送り届けること

2030年にはレベル5の自動運転を目指しマース！！！

2025年にレベル4の自動運転を実現するぞ！

レベル5「完全運転自動化」主体は車かつ走行領域に限定なし!!	レベル4「高度運転自動化」主体は車だが走行領域は限定的

欧州委員会(EC)

日本 🇯🇵

Ⓢ シェアリング (Shared Services)

シェア

一人一台マイカーを持つのではなくスマホやインターネットなどを利用して複数の人たちと「共用」して使うこと！

Ⓔ 電動化（EV化） (Electric)

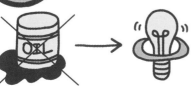

ガソリンを燃やして走る自動車から電気で走る自動車に切り替えていくこと！

〈18世紀の産業革命のときに機械を動かす動力源が実用化された〉

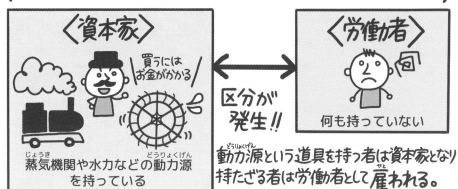

〈資本家〉

買うにはお金がかかる

蒸気機関や水力などの動力源を持っている

区分が発生!!

〈労働者〉

何も持っていない

動力源という道具を持つ者は資本家となり持たざる者は労働者として雇われる。

今日中にたのむよー

は…はい

資本家 と 労働者 の2階層

=

資本主義経済が誕生!

↓

分業と機械による大量生産によって経済規模が急拡大

↓

より効率的に経済を管理するにはどうしたらいいのだろう?

→ 経済学の必要性が高まる。

〈経済学の父〉

モノの価格は需要と供給によって決まる。自由な市場経済に任せていれば見えざる手によって最適な状態となる。

つまり国による規制はなるべくしない方が良いと主張!この考え方は古典派・新古典派と呼ばれる。

アダム・スミス

「見えざる手」についてもう少しくわしく教えて‼

例えば、AさんとBさんがモノを交換するとき、お互いにメリットがあるから行われる‼ これは社会全体でも同じで、経済はみんなにメリットがあるから「自然」と「見えざる手」によって回っていくということ‼

同じ！

社会全体 自然と

でも資源は「有限」で「希少」！だから経済学は難しいんだ！

経済学の役割は資源をどのように管理するかということ

排ガス規制を導入する‼ という政策の場合

自動車会社の利益

VS

環境の保護

難しいね……

環境保護のために排ガス規制を実施すると自動車会社のコストが上がり利益が減ってしまう……。どちらか一方を採用するともう一方を諦めるしかなくなる……。

このことを**トレードオフの関係**という。

それが経済学という学問なのね

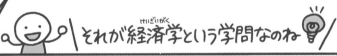

2つの関係を考察しどちらの選択が望ましいかを考える

社会保障制度とは……

病気やケガ

失業や出産

高齢

など

安定した生活ができなくなった場合に国が

医療保険

労働保険

年金制度

年金手帳 年金手帳

といった

生活の補助をしてくれるシステム全体のことをいう。

社会保障のために必要なお金は
税金と社会保険料によってまかなわれる!

国民が自分の所得のうち税金や社会保険料を
どれくらい支払っているかの割合を
国民負担率という。

日本は
42.8
%

税金・社会保険料

所得

日本では現在少子高齢化(こうれいか)により

高齢者(こうれいしゃ)など年金をもらう側の
人数は増えている↑

そのため
年金支払(しはら)いや
医療費(いりょうひ)などの
社会保障費(しゃかいほしょうひ)の
負担(ふたん)が重く
のしかかっている!!

社会保険料などを支払(しはら)ってくれる
働き手の人数は減っている↓

でもね

実は国民負担率(こくみんふたんりつ)でみると日本はそれほど高くはない!!

ほら!
意外と少ない
でしょ?

日本
42.8%

イギリス
46.9%

世界の国民負担率(こくみんふたんりつ)

フランス
67.2%

税金(ぜいきん)・
社会保障(しゃかいほしょう)の
負担率(ふたんりつ)が
こんなに高い!!

デンマーク
66.4%

アメリカ
33.1%

フランスでは仮に100万円所得がある場合
67万2千円は税金や社会保障(しゃかいほしょう)のために
支払(しはら)っているんだよ!!

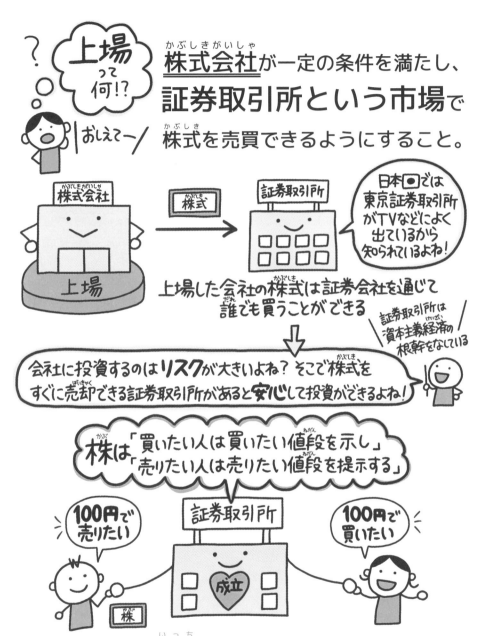

上場って何!?

おしえてー

株式会社（かぶしきがいしゃ）が一定の条件を満たし、**証券取引所という市場**で株式（かぶしき）を売買できるようにすること。

株式会社（かぶしきがいしゃ）

株式（かぶしき）

証券取引所

日本🗾では東京証券取引所がTVなどによく出ているから知られているよね！

上場

上場した会社の株式（かぶしき）は証券会社を通じて誰（だれ）でも買うことができる

証券取引所は資本主義経済（けいざい）の根幹（こんかん）をなしている

会社に投資するのは**リスク**が大きいよね？そこで株式（かぶしき）をすぐに売却（ばいきゃく）できる証券取引所があると**安心**して投資ができるよね！

株（かぶ）は「買いたい人は買いたい値段（ねだん）を示し」「売りたい人は売りたい値段（ねだん）を提示する」

100円で売りたい

株（かぶ）

証券取引所

成立

100円で買いたい

両者の金額が一致（いっち）したときに売買が成立する。この売買が成立した金額のことを株価（かぶか）という。

82

| 株価 P.36 | 株式会社と株主 P.38 |
| 株式と投資信託 P.40 | 決算書（資産と負債） P.60 |

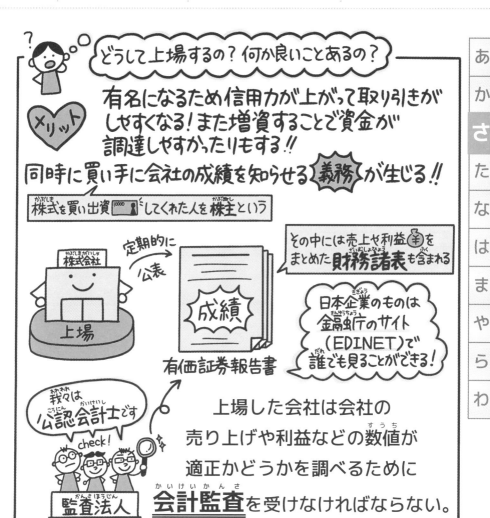

あ
か
さ
た
な
は
ま
や
ら
わ

上場とは逆に証券取引所から退場する会社もある。

これを **上場廃止** という。

モノの値段が **上** がっているか（インフレ↗）
下 がっているか（デフレ↘）は
消費者物価指数 という指標で測っている！

CPI：Consumer Price Index のこと。
ある基準となる年を 100 とした場合、比べたい年が
いくつになるのかを計算した指数！

2015年 **100** 基準　CPIは　2019年 **101.7**（年平均）

ちなみに……
次の基準年は
2020年だよ

基準になる年は5年に1回
変更される仕組み！

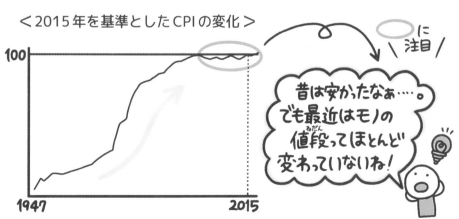

＜2015年を基準としたCPIの変化＞

に
\ 注目 /

100

昔は安かったなぁ……。
でも最近はモノの
値段ってほとんど
変わっていないね！

1947　　　　2015

消費者物価指数には**3**つの種類がある

総合指数	コア指数	コアコア指数
CPI全体の数値を示したもの	生鮮食品を除いた数値	生鮮食品とエネルギーを除いた数値

さっきの2019年
101.7は
コア指数だよ

生鮮食品は季節変動が大きく、
天候に左右されることも多いため
コア指数では除外されている！

消費者物価指数は、
いくつかの商品やサービスの価格から計算している。

どの商品を採用するかでCPIも変わってくるため
5年ごとの基準年の改定とともに商品も見直される。

〈2020年の改定案〉

あおり運転などの
事件や事故の
自衛策として
注目されて
いるもんね

固定電話が外され、ドライブレコーダーが選ばれるなど、
時代背景を反映したものとなっている。

消費税は英語でVAT（Value-added tax）「付加価値税」という！！

北欧は消費税が高いことで有名

スウェーデン ノルウェーは **25%**

フィンランドは **24%**デース

日本🇯🇵は 2019年10月から 消費税**10%**に 上がったけど、それでも 北欧はずいぶん 高いんだなぁ……

ラッキ

しかし OECD（経済協力開発機構）は

日本🇯🇵が持続可能な財政を 確保するには 消費税率 を **20〜26%** まで引き上げなければ やっていけまセーン！

と提言している。

ちなみに…日本🇯🇵の消費税は「社会保障4経費」

年金 年金手帳¥

介護

医療

子育て支援

に使うことが法律 （消費税法1条2項） で定められている！

持続可能性（サステナブル） P.70　社会保障 P.80
税金 P.90　日本の借金 P.108　年金の仕組み P.116

◉ 関連する項目

あ
か
さ
た
な
は
ま
や
ら
わ

＜ 消費税の逆進性 ＞ そもそも税金は……

「収入に応じて」負担すべきという考え方がある。

しかし消費税は

→ 低所得者層ほど負担が重くなる。
→ 富裕層ほど負担割合は少なくなる。

全員が同じ消費税を払わないと
いけないため……

これを **逆進性** という

これを少しでも **解消** するために
どの国も採用しているのが……

＜ 軽減税率 ＞

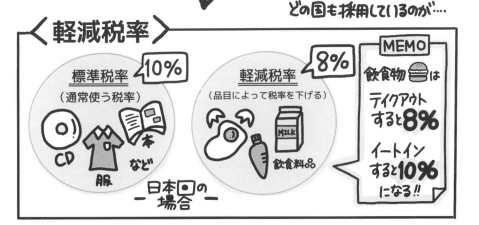

人口ピラミッド

人口ピラミッドとは
どれくらいの年齢(ねんれい)の人が
多くいるかを図にしたもの

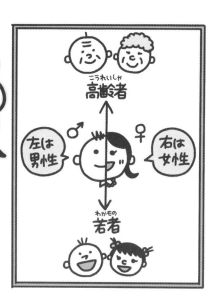

高齢者(こうれいしゃ)

左は男性　右は女性

若者(わかもの)

人口ピラミッドの形は
大きく**3つ**の形に
区分される!!

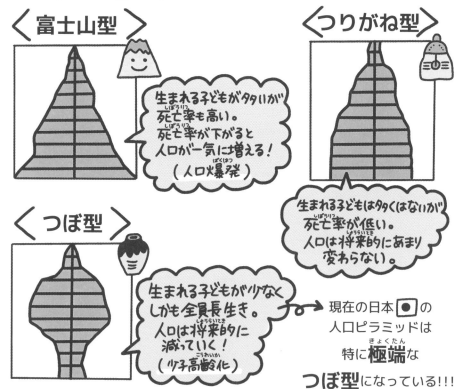

〈富士山型〉

生まれる子どもがタタいが
死亡率(しぼうりつ)も高い。
死亡率(しぼうりつ)が下がると
人口が一気に増える!
(人口爆発(ばくはつ))

〈つりがね型〉

生まれる子どもはタタくはないが
死亡率(しぼうりつ)が低い。
人口は将来的(しょうらいてき)にあまり
変わらない。

〈つぼ型〉

生まれる子どもが少なく
しかも全員長生き。
人口は将来的(しょうらいてき)に
減っていく!
(少子高齢化(こうれいか))

現在の日本●の
人口ピラミッドは
特に極端(きょくたん)な
つぼ型になっている!!!

アジアの世紀　P.8　｜　アフリカの時代と人口爆発　P.10

社会保障　P.80

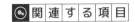

一人の女性が一生のうちに産む子どもの数
（＝合計特殊出生率）が **2.07** 未満だと国の
人口はだんだん減っていくと言われているが……

あ
か
さ
た
な
は
ま
や
ら
わ

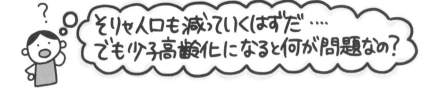

＜少子高齢化の問題点＞

一人あたりの若者が支えなければいけない高齢者の数が

つまり　**増える！！！**

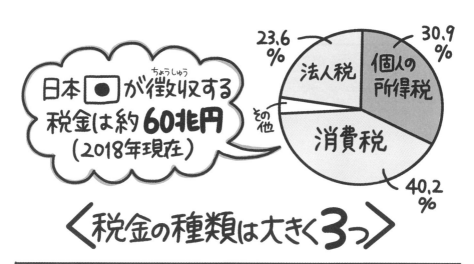

日本🇯🇵が徴収する
税金は約**60兆円**
（2018年現在）

法人税 23.6%
個人の所得税 30.9%
消費税 40.2%
その他

〈税金の種類は大きく**3**つ〉

所得に対してかかる税金

所得税・法人税 など

消費に対してかかる税金

消費税・酒税 たばこ税など

資産に対してかかる税金

固定資産税・相続税 など

税金の徴収方法で**2**つに分けることもできる！

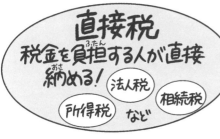

直接税
税金を負担する人が直接納める！
法人税 所得税 など 相続税

間接税
税金を負担する人と納める人が異なる！
酒税 消費税 など たばこ税

あ
か
さ
た
な
は
ま
や
ら
わ

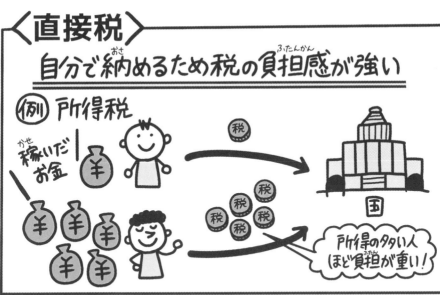

〈直接税〉
自分で納めるため税の負担感が強い

例 所得税

稼いだお金

税

国

所得の多い人ほど負担が重い！

組みあわせることで不公平感をへらしバランスの取れた税金システムを目指す！

なるほど〜！！

〈間接税〉
自分で納めないため税の負担感が弱い

例 消費税

商品

消費者・個人

税

物やサービスを提供した事業者

税

国

直接税

納税者(のうぜいしゃ)が直接税金を支払(しはら)うもの

フリーランスなどの自営業者は
自分で税金を計算して国に
納(おさ)める必要がある!

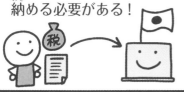

間接税

税金を負担(ふたん)する人と税を支払(しはら)う人が異(こと)なるもの

消費税は税金を負担(ふたん)するのは
モノの購入者(こうにゅうしゃ)だが、税を納(おさ)める
のは商品(しょうひん)を販売(はんばい)した店!

直接税と間接税の割合(わりあい)を 直間比率という

間接税 / 直接税	間接税 / 直接税	間接税 / 直接税
67%	**79%**	**55%**
日本	アメリカ	フランス

アメリカは消費税がないため直接税の割合(わりあい)が高く
フランスは消費税が20%と高いため直接税の割合(わりあい)が低い
(2019年現在)

注目

直間比率を見るとその国の
税に対する姿勢(しせい)がよく分かるね!!

| MMT　P.28 | 社会保障　P.80 | 消費税（VAT）　P.86 | ◉ 関連する項目

あ
か
さ
た
な
は
ま
や
ら
わ

直接税の代表例は次の**2**つ

〈所得税〉
「個人」が支払うもの

〈法人税〉
株式会社などの「法人」が支払うもの

税額の計算はどちらも2ステップ

① 収入 − 必要経費 ＝ 所得（課税所得）

事業で得た売上

売上を得るためにかかったコスト

（法人税の場合「益金−損金＝課税所得」と呼び方が変わる）

② 所得 × 税率 ＝ 税額

所得税の税率は課税所得の額によって高くなっていく（累進課税）

5%　　40%

法人税の税率は基本的に一律
イギリス 🇬🇧 19.0%
アメリカ 🇺🇸 21.0%
日本 🇯🇵 23.2%
フランス 🇫🇷 32.02%
（2020年現在）

この①②を計算して納税することを…
確定申告という！！

やっておきます！！

自営フリーランス
えーと….

会社員は所得税の計算を会社が代わりにやってくれる年末調整という制度があるため、基本的に確定申告をする必要はない

あとはよろしく〜！
会社員

44 世界大恐慌（だいきょうこう）

1920年代アメリカは
株式投資（かぶしき）ブーム 💰$

1929年10月
株価（かぶか）の大暴落がきっかけで
世界大恐慌（だいきょうこう）へ

不況（ふきょう）が長引き大量の失業者とデフレ

アメリカの失業率（しつぎょうりつ）25%超（ちょう）
「仕事がないよ…」

物価が19%ダウン
「モノが売れない」

アダム・スミスの「見えざる手」も通用しない…

「ど…どうしよう…」

「もう自由な市場に任せるなんて…のんきなこと言ってられないよ…」

そこに登場

ケインズ経済学（けいざいがく）

「景気を良くするには需要（じゅよう）を創出（そうしゅつ）することが大事だ！」

つまり…

イギリス経済（けいざい）学者
ジョン・メイナード・ケインズ

「国が財政支出を積極（せっきょく）的にすべき。少しくらいインフレの方が経済は良くなり失業率も下がる!!」

94

インフレとデフレ　P.20 │ 財政政策と金融政策　P.64
失業率　P.74 │ 資本主義と経済学の誕生　P.78

あ
か
さ
た
な
は
ま
や
ら
わ

1993年ルーズヴェルト大統領がケインズ経済学に
もとづくニューディール政策を採用！

国がどんどん
経済活動に
介入するべき

テネシー川流域の開発など
大胆な公共事業を実施しよう！

ルーズヴェルトは
米国民主党で
大きな政府としての
やり方を志向
していたんだ！

国(政府)が経済活動に
介入するような政府のあり方を
「大きな政府」と言うよ。

その結果　1934年以降アメリカ経済は
徐々に回復 ↗↗

仕事みつかった！
モノが売れた！

ちなみに日本🔴は
高橋是清が行った
金融緩和政策で
いち早く回復していた↗

😊 合わせて覚えておきたい世界の出来事

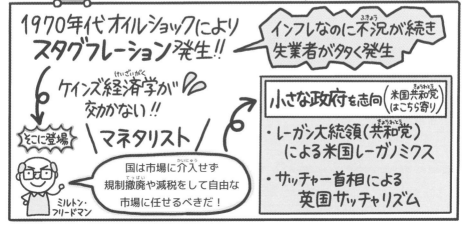

1970年代オイルショックにより
スタグフレーション発生！！

インフレなのに不況が続き
失業者がタタく発生

ケインズ経済学が
交かない！！

そこに登場 マネタリスト

小さな政府を志向 (米国共和党はこちら寄り)

・レーガン大統領(共和党)
　による米国レーガノミクス

・サッチャー首相による
　英国サッチャリズム

国は市場に介入せず
規制撤廃や減税をして自由な
市場に任せるべきだ！

ミルトン・
フリードマン

95

＼利益を最大化したり、ムダや売れ残りをなくしたりできるよ！／

同じものでも「時間」や「場合」によって値段を変える方法

でも!!実は昔もダイナミック・プライシングに近いことをしていたんだ

江戸時代（えど）

お客との対話・まとめ払い（ばら）による金利上乗せ。相手の信用力によって値段を変えていた！

おい！この米小判2枚で売ってくれ

では年末払いで小判3枚ではいかがでしょう？

去年なかなか払ってくれなかった人だからちょっと値段を高くしよう……

商人

今

同じ商品やサービスであれば、売る相手にかかわらず同じ値段をつける。

このリンゴくださーい

100円です

これを「一物一価」という!!

メリット😊↗
値段に対する安心感♡
その場の現金支払いのため金利を上乗せする必要なし！
値段が安くなった!!

デメリット😣↘
その場で売るため常に在庫を抱える必要から食品ロスや衣服ロスの問題が発生……

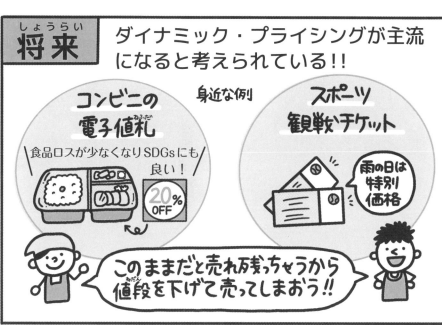

このようにサービスを使えるかに
がうまれることを

デジタルディバイド（デジタル格差）という。

上記のような「年齢」の他

によっても格差はうまれてしまう。 例えば……

 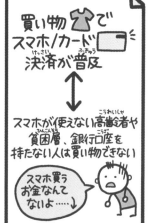 

| SDGs　P.24　| キャッシュレス　P.44　| クレジットカード　P.54 |
| KYCと生体認証　P.58　| FinTech　P.128 |

関連する項目

世界には銀行口座をもたない人も多い。

本人確認 KYCの問題　口座維持手数料の問題　など……

日本(15歳以上)やアメリカの口座開設率は
97% **94%** と高いがアフリカでは **20%未満** の国が多い!

完全キャッシュレスの店＝買い物ができない人をうむ

2019年:アメリカではキャッシュレス決済のみを受け付ける店舗を禁止する条例を出した市もある!

他の州も出す可能性もあるよ

デジタルディバイド解消方法の1つ

すべての人を取り残さない包摂性を重視するSDGsとも考えが一致している!

銀行口座を持たない人向けのカードや電子マネーの登場

VISA・MASTERなどの国際カードブランドもついてる
ペイロール・カード
カード社会のアメリカではどこでも使える!

銀行口座を持たない人向けの給料支払い用のプリペイドカード!給料を現金ではなく電子マネーとして毎月チャージできる。

Pesaとはスワヒリ語で「お金」という意味
M-PESA
東アフリカのケニアで普及している

現金を代理店にもちこんでチャージすることで使え、銀行口座を持たない人でも送金・決済ができる電子マネー。

OK M-PESA　送金シタイデース

ドイツは働き方改革先進国

ドイツの1時間あたり
労働生産性は世界第7位‼

日本は
20位…

しかも…‼

ドイツは日本同様に少子高齢化に悩んでいる国。
そこで日本はドイツをお手本として働き方改革を行っている。

ドイツの年間総労働時間が
非常に少ないのは…
労働時間貯蓄制度や
インダストリー4.0(狭義の第四次産業革命)による
サイバーフィジカルシステムやスマートファクトリーの
取り組みに成エカ✦しているから‼

ドイツの
働き方改革を
おしえマース!

メモ
メモ…

労働時間貯蓄制度

残業

残業

残業

残業時間がたくさん
たまったから、今日は平日
だけどおやすみ──!

リフレッシュ

あ
か
さ
た
な
は
ま
や
ら
わ

インダストリー4.0(狭義の第四次産業革命)の
取り組み。キーワード🔑✨は....

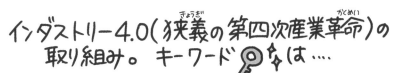

IoT ←→ Internet of Things

いろいろなものがインターネットを通してサーバーなどに
接続されお互いに情報をやり取りすること。

ドイツではIoTを利用し、　CPS - Cyber Physical System
サイバーフィジカルシステム というな仕組みを作った!!

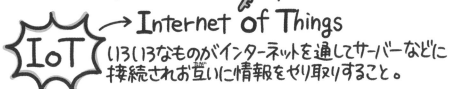

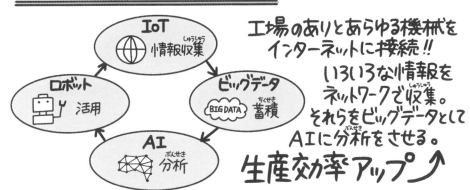

工場のありとあらゆる機械を
インターネットに接続!!
いろいろな情報を
ネットワークで収集。
それらをビッグデータとして
AIに分析をさせる。
生産効率アップ↗

スマートファクトリー

工場はワタシニ
マカセテクダサイ

ロボットによる
全自動の無人工場

違う場所で
会議中

ロボットに動作を教えた後は人間は工場で作業しなくて
よいため、結果的に労働生産性が上がる！！

投資ってなに!?

個人や企業、機関投資家が利益¥を得るために株式や国債などを買うこと!!

おさえておきたい! 投資の用語

元本	投資をしたり貯金などで預けた金額	運用	お金を投資したり貯金したりして増やしていくこと
利息	貯金など元本に追加して受け取ることができるお金	利回り	投資額に対する利益全体の割合を示したもの
配当	株式を購入した場合その株式の発行企業から利益の分配である配当金がもらえる	キャピタルゲイン	株式の購入価格と売却価額の差額のこと。ただし赤字になることもある

| ESG P.14 | iDeCo P.18 | 株式と投資信託 P.40 | | ◉ 関連する項目 |
| 金融商品 P.48 | 老後2000万円問題 P.150 | | |

あ
か
さ
た
な
は
ま
や
ら
わ

利益や利子を得た後に、続けて投資や貯金を続ける方法は大きく分けて**単利**と**複利**の**2つ!!**

特に複利の力は絶大なんだよ!!

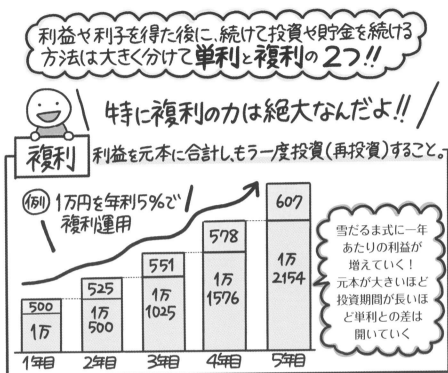

複利 利益を元本に合計し、もう一度投資(再投資)すること。

例 1万円を年利5%で複利運用

	1年目	2年目	3年目	4年目	5年目
利益	500	525	551	578	607
元本	1万	1万500	1万1025	1万1576	1万2154

雪だるま式に一年あたりの利益が増えていく！元本が大きいほど投資期間が長いほど単利との差は開いていく

最初の元本が大きいほど単利と複利の差は大きくなる!!

投資は複利を前提に長期運用すべき!!!

投資家ウォーレン・バフェット

〈倍々ゲームのすごさ〉

どれくらいかな…？

問題 2mmの紙を38回折ると厚さはどれくらいになる？

正解は…… **月**までの**距離**を**超**えている!!!

これを指数関数的に増えるというよ

たった38回折るだけで!?

数を倍々にしていくと雪だるま式に増えていく↗「二つに折る」とは利率100%で複利運用するのと同じ!!

103

今まで多くの消費者や業者は、店で並んでいる商品を購入する際に、それまでの経路がどのようなものか知ることができなかった。

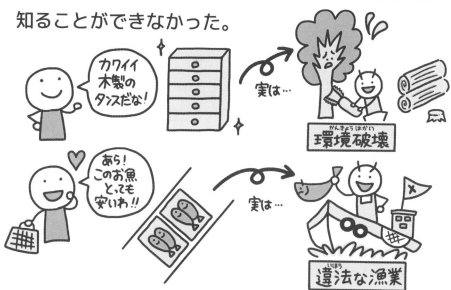

そのため知らず知らずのうちに良くない方法で作られた商品を購入してしまうことがあった。そこでこれからの経済では

── サプライチェーン（製品が供給されるまでの流れ）を ──
追跡できるようにしようという動きがある。
これを **トレーサビリティ（追跡可能性）** という。

ブロックチェーンが可能にしたんだ なるほど！

アフリカの豊富な資源　P.12 ｜ 持続可能な漁業　P.72
ビットコイン　P.122 ｜ ブロックチェーン P.134

◉ 関連する項目

あ か さ た な は ま や ら わ

トレーサビリティってどういう所で活用されているの？

例① ダイヤモンド

ダイヤモンド1つ1つにIDをつける

どこの国でとれ、どこで加工されたかを
追跡(ついせき)することによって紛争(ふんそう)ダイヤでない
ことや誰(だれ)が所有していたものかが分かる

例② 魚介類(ぎょかいるい)

CoC認証(にんしょう)！
追跡(ついせき)可能

トレーサビリティが有効だと認(みと)められると
CoC認証(にんしょう)（Chain of Custody）が与(あた)えられる。

\MSC/

持続可能な漁業によってとられた証の
MSC「海のエコラベル」をつけるためには
CoC認証(にんしょう)が必要!!

MSC「海のエコラベル」があることによって
『この商品は魚をとりすぎず環境(かんきょう)に配慮(はいりょ)した
漁業でとられた魚を使っている』と
安心♡して買うことができるよ!!

日銀は**インフレ率2%**を目標とする
金融政策を2013年から実施している。

2%にするぞっ!!

これはバブル崩壊後の長引くデフレから
脱却するためでもある

異次元ともいわれる 金融緩和政策を採用

日銀が国債を買い取るなどして
マネタリーベースや**マネーストック**を増やすこと。

買いオペと
いうよ!

民間銀行が保有している
国債を日銀が買い取る

日銀当座預金
が増えた!!

日銀当座預金に
お金を振り込む

日銀当座預金に余裕
ができるため民間銀行
は企業への貸し付けを
増やせる!!

このため…

ありがとう

日銀による
国債の買い取りは**強力**な
金融緩和政策となる!!

インフレとデフレ　P.20　｜　財政政策と金融政策　P.64
赤字国債　P.6　｜　マネタリーベースとマネーストック　P.140

あ
か
さ
た
な
は
ま
や
ら
わ

＜準備預金と日銀当座預金＞

民間銀行は預金額の数％を日銀に預ける必要がある。

準備預金という

経営の安定のために
日銀当座預金で
預かるね!!

日銀当座預金

日銀の国債買入で日銀当座預金の額が増えれば
マネタリーベースが増えて、お金の供給量が増加するんだね!!

なるほど!!

＜日銀の具体的な金融緩和政策＞

とにかく
お金を
増やすのだ〜

量的・質的緩和政策(QQE)で
インフレ率 2% を目指せ!!

国債を民間銀行から買って
マネタリーベースを拡大する!!

① **2014年4月：QQE1**

マネタリーベースを2倍に!
(年間70兆円増加)

③ **2016年1月：マイナス金利付きQQE**

日銀当座預金をマイナス金利に!
＝法律で決められた準備預金を超えた額に
利息を支払わせる　(超過準備)

② **2014年10月：QQE2**

マネタリーベースを
年間80兆円増加

④ **2020年4月：国債の購入上限を撤廃**

その結果……
どんどんお金が増えている

107

〈日本が借金をする仕組み〉

ちなみに…決められていたお金を返す日のことを償還期限という

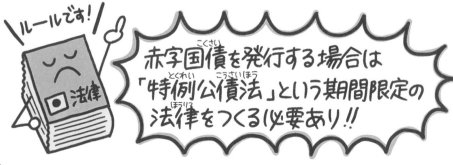

| 赤字国債　P.6 | MMT　P.28 | 国の借金の賛否両論　P.52 |
| 決算書（資産と負債）　P.60 | 日本は借金大国　P.112 | |

あ
か
さ
た
な
は
ま
や
ら
わ

赤字国債って新しい法律をつくらなきゃいけなくって ハードルが高いんだな…… 何かデメリットとかあるの!?

① 安易な財政運営をとってしまう

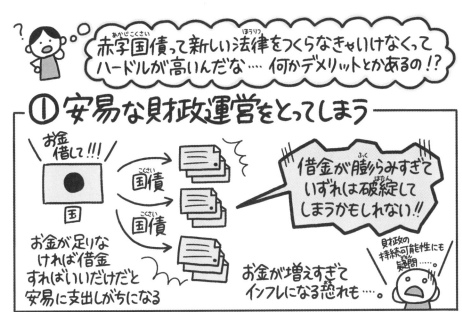

お金借して!!!
国債
国債

国

お金が足りなければ借金すればいいだけだと安易に支出しがちになる

借金が膨らみすぎていずれは破綻してしまうかもしれない!!

お金が増えすぎてインフレになる恐れも……。

財政の持続可能性にも疑問……。

② 世代間格差が生まれる

ありがたいのぉ～～

10000 年金　国　国債

得をする世代と借金を返済する世代に差が生まれてしまう

支払うのは働きざかりの俺たち……。

日本の公債などの国の借金は 1100兆円

GDPと比較すると200%超

世界第1位……。

※ 日本の国債保有者は日本銀行が46%とほぼ半分！その他銀行を含めると8割超。海外の購入者はわずか7%である。

〈日本🇯🇵の問題点〉

もう23時.....
細かい仕事って
時間かかるよな.....

なぜ？

労働生産性が低い

長時間労働も原因の一つ

そこで!!!

日本の働き方を
大きく変えていきます！
労働生産性の大幅
アップを目指します！

2019年改正
労働
基準法

これまで当たり前だった
日本企業(にほんきぎょう)の労働(ろうどう)環境(かんきょう)を
大幅に見直す

取り組みのことを
働き方改革(かいかく)という!!

これは労働環境(ろうどうかんきょう)を改善(かいぜん)して雇用確保(こようかくほ)をしやすく
するとともに、労働時間が少なくなった分を
AIなどの技術で補(おぎな)い、生産性の向上を目指すもの。

AI

\働き方改革 **3** 本柱/

その**1** 長時間労働をやめるための決まりをつくる

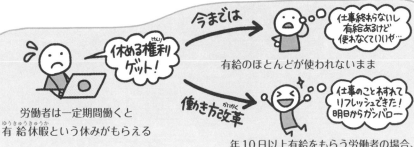

休める権利ゲット！

労働者は一定期間働くと
有給休暇という休みがもらえる

今までは

仕事終わらないし
有給あるけど
使わなくていいや…

有給のほとんどが使われないまま

働き方改革

仕事のことネすれて
リフレッシュできた！
明日からガンバロー

年10日以上有給をもらう労働者の場合、
最低でも年5日は有給を使うことを
義務付けた。

おつかれ！

決まった時間以上働いた場合
会社は割増賃金を
払わなければいけない

もし超えた場合は
会社が罰を
受ける ⚠

決められた時間以上に
働かせることを規制する

その**2** 労働者の立場によって扱いを変えることを禁止

その**3** いろいろな働き方の実現をすすめる

テレワーク

労働者が実際には
会社に行かず、自分の家や
カフェからパソコンなどを
使って働く。

時短勤務

9:00
〜
16:00
勤務！

小さい子どもがいるなどで
長時間働けない人が
短時間だけ働く。

フレックスタイム

私は打ち合わせのため
8:00出勤！

私は会議
のため
12:00出勤

労働者が全員同じ時間に
会社に行くのではなく、
時間をずらして働く。

個人や企業と同じように 国 も 借金 をする。

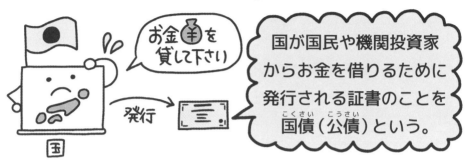

お金を貸して下さい

国が国民や機関投資家からお金を借りるために発行される証書のことを国債(公債)という。

借りたお金はもちろん返さなければならないが、もし国が借金を返せなくなってしまうと

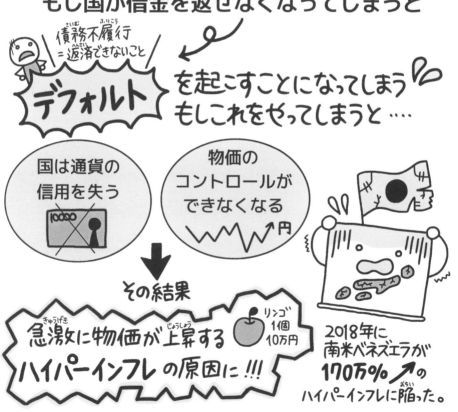

債務不履行 = 返済できないこと

デフォルト を起こすことになってしまう
もしこれをやってしまうと……

国は通貨の信用を失う

物価のコントロールができなくなる

その結果

急激に物価が上昇する **ハイパーインフレ** の原因に !!!

リンゴ1個 10万円

2018年に南米ベネズエラが 170万% の ハイパーインフレに陥った。

MMT　P.28　｜　国の借金の賛否両論　P.52
決算書（資産と負債）P.60　｜　日本の借金　P.108

⊕ 関連 する 項目

あ か さ た **な** は ま や ら わ

現在日本には**1273兆円超**の負債がある。
このうち公債など国の借金とされるものは

1100兆円!!

> 1年間に日本全体で稼ぐ
> 金額を表すGDPと比べても
> **200%超**にもなる
> 多額の借金!!

借金

しかし日本には
資産だってたくさんある!!
（600兆円以上〻）
づぉ……　これを考慮すると借金は
それほどでもないという意見も！

日本は世界一の借金国だということができる

ちなみに……　私がもってます!!

国債の半分は日銀が持っている!!

国債の山！
日銀

注目！　だから日本の借金については意見が分かれているんだ

「大問題だ」　　　「そんなの問題ないよ」

増税必須　　　　　　　　　　　　　　　　MMT

実質的な
財政ファイナンス
でしょ!!

VS

増税なんて
必要ないっ♪

モノや情報が国境を越えるグローバル社会では
ネットワーク効果により勝者総取りの社会(Winner Take All)
を生み出しやすい!

俺たちGAFAの1人勝ちさっ!!

ネットワーク効果!バンザイ!!

ネットワーク効果って何だろう?

分かりやすく教えて!!

その① 直接効果

同じサービスを使っている人が増えれば増えるほど
そのサービスの魅力が高まっていくこと。

私はiPhone!
ぼくもiPhone!
iPhoneの利用者増
iPhoneの魅力増加

その②間接効果

iPhoneのアプリのように、あるサービスに付随した
サービスが増えていくことで、結果的に
元のサービス（iPhone）の魅力が高まること。

どうしてネットワーク効果で爆発的にユーザーが増えるの？

〈参入障壁〉

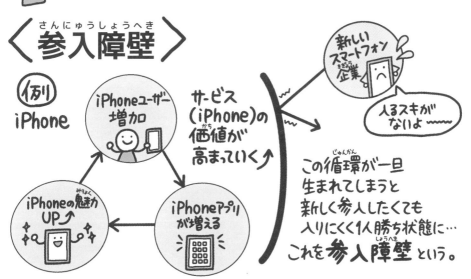

この循環が一旦
生まれてしまうと
新しく参入したくても
入りにくく1人勝ち状態に…
これを参入障壁という。

115

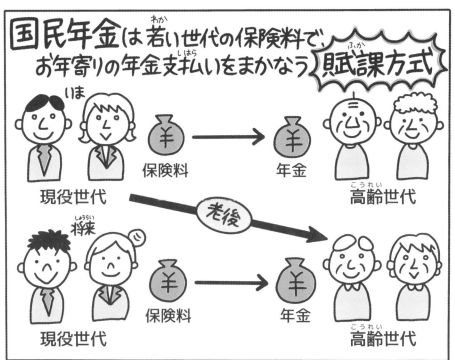

しかし現在の日本 🇯🇵 は 少子高齢化 …。
集めた保険料だけでは年金を全員に払いきることは

できない!!

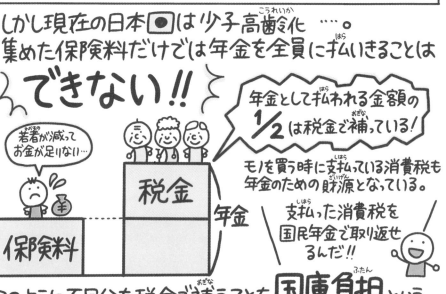

このように不足分を税金で補うことを**国庫負担**という。

| iDeCo　P.18 | 公的年金　P.62 | 社会保障　P.80 |
| 消費税（VAT）P.86 | 老後 2000 万円問題　P.150 |

◉ 関連 する 項目

あ
か
さ
た
な
は
ま
や
ら
わ

これに対して…

自営業やフリーランスなどが任意で加入する
国民年金基金は自分が支払った掛け金が
年金として戻ってくる **積立方式**

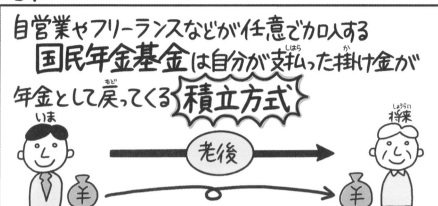

いま　老後　将来

同じ個人年金でも…　合わせて覚えておきたい！

国民年金基金 と **iDeCo**はここが違う！

＼自営業者の人が入れる／
国民年金基金

年金として支払われる
額が決まっている。
＝
確定給付年金

うん！予定どおり。

＼誰でも入れる／
iDeCo(イデコ)

毎月の掛け金は
自分で決められるが
運用結果によって
支払われる年金額が
変わってしまう。
＝
確定拠出年金

やったー　そんな…

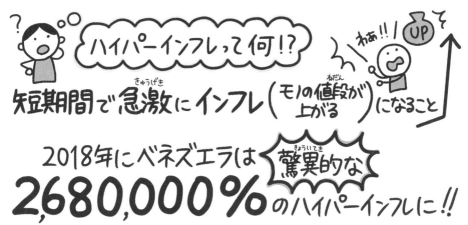

ハイパーインフレって何!?

短期間で急激にインフレ（モノの値段が上がる）になること

2018年にベネズエラは 驚異的な

2,680,000% のハイパーインフレに‼

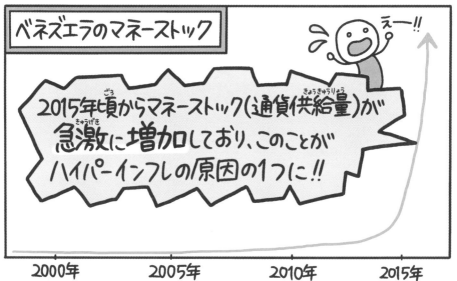

ベネズエラのマネーストック

2015年頃からマネーストック（通貨供給量）が急激に増加しており、このことがハイパーインフレの原因の1つに‼

2000年　　2005年　　2010年　　2015年

お金の増やしすぎには注意‼

コロナ対策として世界の国々はマネーストックやマネタリーベースを増加！ 将来的にはハイパーインフレの心配があると注目している評論家もいる。

〈 お金が増えるとインフレになる仕組み 〉

(例) **100人**しかいない世界！ ×100

この世界の商品は**リンゴ**のみ。リンゴ1個あれば人は**1年**暮らしていける。

×100人

みんな年間1万円お金を持っている

リンゴの年間の収穫量（しゅうかくりょう）は100個

1万円とリンゴ1個が釣り合う！

リンゴの価格は**1万円**になる

×100人

みんな年間10万円お金を持っている

リンゴの年間の収穫量（しゅうかくりょう）は100個

10万円とリンゴ1個が釣り合う！

リンゴの価格は**10万円**に上昇（じょうしょう）↗

商品🍎の数が変わらずお金だけ増えれば商品の価格が上昇↗

つまり インフレとはお金の価値（かち）が相対的に下がることであり お金が増えすぎるとハイパーインフレになる恐（おそ）れがある！

あ か さ た な **は** ま や ら わ

現在世界では....

グローバル社会

経済格差(けいざい)

第4次産業革命(かくめい) AI

環境問題(かんきょう)

国境や地域を越えて(ちいき)様々な事項が複雑に(さまざま)絡みあいながら(から)

人類がかつて体験したことのないスピードで物事が 変化 している!! 例えばお金も....

江戸時代も(えど)明治時代もず━━━━━━っと.... お札や貨幣(かへい)

何百年もかけて....

2008年 日本でiPhoneが発表

わずか12年!!

2020年 ぴっ!! QRコード決済(けっさい)

このように今までの常識が通用せず価値観自体が(かちかん)大きく変わろうとしている変革のことを(へんかく)**パラダイムシフト**という!

これからは財布を持たずに買い物へ行く時代がくるかも!

あ か さ た な **は** ま や ら わ

『AI』

AIによって色々な **職業**が消えてしまうことでしょう！！

銀行の窓口係　スーパーの店員
スポーツの審判

オックスフォード大学のマイケル・A・オズボーン准教授

『人生100年時代』

人生が長くなったことにより今までの

学生　→　社会人　→　老後

という人生を見直すことが求められている！！

人生100年時代！
医療の発達などで今の子どもたちは100歳まで健康に生きることができる！

イギリスのリンダ・グラットン

『ブロックチェーン』

ブロックチェーンで銀行や政府のような第三者が必要ない世界がやってくる！

情報の革命だ！！

みんなが **自分たちだけで** 情報を管理するんだ！

サトシナカモト

121

日本では**仮想通貨**または**暗号資産**と呼ばれネットでやり取りできる**電子的なお金**のようなもの。

ビットコイン　イーサリアム

暗号資産には多くの種類がある！

暗号技術を使っているため単純に
Crypto（暗号）と呼ばれることも！

ビットコインは専門の市場で日本円など国が発行しているお金と交換できる！交換する値段は日々変動している。

この市場のことを....
暗号資産交換所
という!!

インターネット上で誰でも交換できるよ!!

2020年12月末では....
Ⓑ=**260万円**前後
1ビットコイン（1BTC）

私たちが使っているお金 にはもともと
金(ゴールド)や銀 が使われていた!!

どうしてお金に金や銀が選ばれたのかな?

〈お金に必要な条件〉

鉄のようにたくさんあるものだと
簡単にお金が増えちゃうもんね

短期的に量は増やせないが
長期的には増やせることが必要! そのため

金や銀はお金として世界中で広まった! 条件にピッタリさ♪

そこで……

ビットコインにも金や銀と同じ性質
を持たせることにした!!

〈金や銀〉

採堀が適度に困難
かつ
埋蔵量に制限あり!!

金は17万トン採堀され
残りの埋蔵量は7万トン前後

〈ビットコイン Ⓑ〉

発行は少しずつ行い
かつ
発行量を限定する!

2100万BTCに制限されていて
現在までに1800万BTC発行済み
(残り300万BTC)

 しかし

MMTでは、ビットコインで税金の支払いを認めている
国がないため「ビットコインは完全にお金の代わりには
なれない」と考えている!!

あかさたな は まやらわ

1 ▶ 2

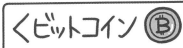

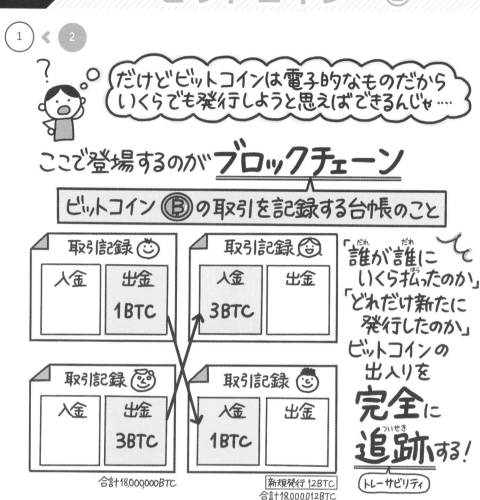

だけどビットコインは電子的なものだから いくらでも発行しようと思えばできるんじゃ…

ここで登場するのが **ブロックチェーン**

ビットコイン Ⓑ の取引を記録する台帳のこと

「誰が誰に いくら払ったのか」 「どれだけ新たに 発行したのか」 ビットコインの 出入りを **完全**に **追跡**する！ (トレーサビリティ)

この台帳を書き換えることは事実上 **不可能**‼

全ての取引がこの台帳に記録されているため 今いくらのビットコイン Ⓑ が発行されているかも **一目瞭然**

しかもブロックチェーンのおかげで ニセモノも作れないし♪

これでついにビットコインはお金になったね！

トレーサビリティ　P.104　　パラダイムシフト　P.120
　　　　　　　　　　　　　　　ブロックチェーン　P.134

あ
か
さ
た
な
は
ま
や
ら
わ

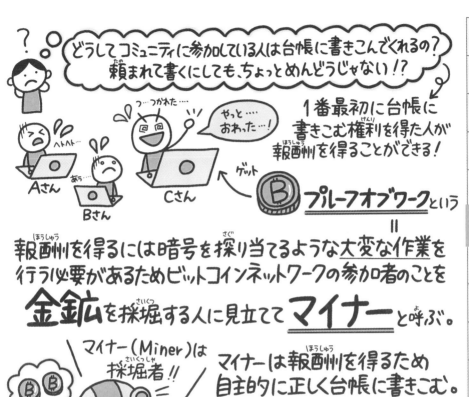

どうしてコミュニティに参加している人は台帳に書きこんでくれるの？
頼まれて書くにしても、ちょっとめんどうじゃない！？

1番最初に台帳に
書きこむ権利を得た人が
報酬を得ることができる！

やっと……
おわった…！

A さん

B さん

C さん

ゲット

プルーフオブワークという
＝

報酬を得るには暗号を探り当てるような大変な作業を
イテラ必要があるためビットコインネットワークの参加者のことを

金鉱を採掘する人に見立てて **マイナー** と呼ぶ。

マイナー (Miner) は
採掘者‼

マイナーは報酬を得るため
自主的に正しく台帳に書きこむ。

↓

ビットコインのブロックチェーンは
自律的に動いていく。

↓

つまり **エコシステム** を確立しているといえる‼

いろいろな人や企業が集まって関連しあいながら
効率的に収益を上げ、循環することで
システムが自律的に動き、かつ持続可能な
仕組みのこと。

もとは自然界の生態系を意味する科学用語。
最近はIT・経済用語としても使われている！

125

第5世代！つまり **5th Generation** のことね

5G（ファイブジー）とはスマホなどの次世代ネットワーク

3つの特徴

① 高速・大容量
（4Gの20倍）

OK

1本の映画が3秒でダウンロードできる

② 低遅延
（4Gの10分の1）

タイムラグが少なくリアルタイムで情報をやりとり

③ 多接続
（4Gの10倍）

同時に複数の端末と接続できる

5Gで自動運転が本格化

完全な自動運転
（レベル5）は
まわりの状況を
ネットで把握する
ことを想定している。

サーバーと電波でつなぐ必要がある

タイムラグがあると事故につながり危険

つまり……
5G が
必須!!

あ
か
さ
た
な
は
ま
や
ら
わ

さらに 5Gによって社会のあり方が変わってくる

クラウド化が加速

複雑な計算は
サーバーサイドで行って、
5Gでタイムラグなくやりと
りができる!!

PCやスマホなどの端末は、より小型に!

遠隔操作による作業が加速

タイムラグが少ないため
高層ビルなどでの危険な作業を
遠隔操作で行える。

デジタルツインの実現

実際のモノの状態をIoTにより
リアルタイムで情報を集め、
デジタル上でシミュレーション
することができる。

飛行機のエンジンを
リアルタイム監視

空飛ぶ
自動車にも
応用

しかし5Gには問題もある

5Gは電波がまっすぐにしか
飛ばないためアンテナを
たくさん作る必要がある……

実は……
日本は5G機器の開発で
出遅れてしまったんだ……
だからさらに次世代の
6Gに賭けているんだよ!

さあ未来は
どうなるのかな?

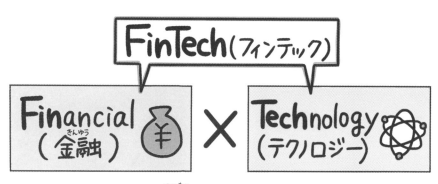

FinTech（フィンテック）

Financial（金融） × Technology（テクノロジー）

2つを融合したサービスのこと

テクノロジーに強いIT企業が金融の世界へ進出

＜例 QRコード決済＞

LINE Pay

PayPay

Pay

ラインペイ（LINE）　PayPay（ソフトバンク、ヤフー）　メルペイ（メルカリ）

銀行以外のIT企業が金融業務を行っているのね！！

なるほどー

これからは私がやります！！どいて下さい♪

今までお金の決済業務はボクの役目だったのに…

キャッシュレスにより効率化が進み、労働生産性は高くなるけれど…

IT企業が銀行の業務を奪っていく!!!

IT企業

銀行

QRコード決済　P.46　｜　金利　P.50　｜　労働生産性　P.152　　◎関連する項目

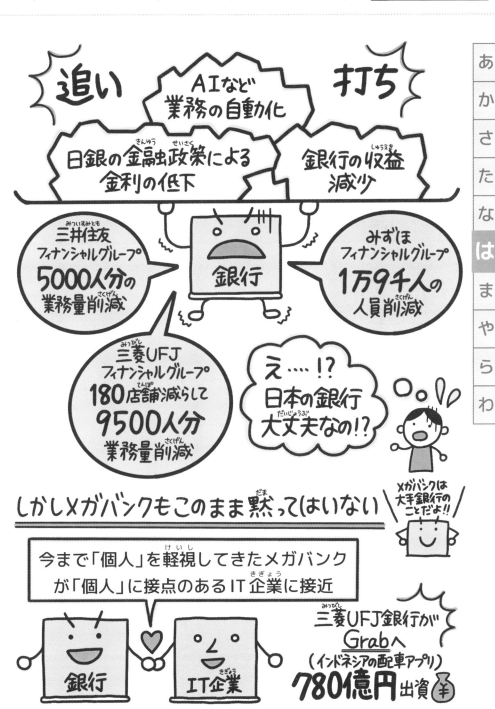

> 他の会社やユーザーに**サービスの基盤**を提供する会社のこと。（＝プラットフォーム）

GAFA

Google / Amazon / Facebook / Apple は代表的なプラットフォーマーである！！

例1) Google の場合

Googleは Androidをつくっている

\Googleさん!!/
Androidのスマホを我社でつくらせてくれませんか？
電機メーカー

\Googleさん!!/
Androidのスマホアプリを私の会社で作りたいのですが…
ゲーム会社

Googleが存在しなければ
電機メーカーはAndroidのスマホを作れない！
ゲーム会社もアプリを作ることができない！

このため電機メーカーやゲーム会社は
サービスの大事な部分をプラットフォーマーである
Google に頼っているといえる。

あ
か
さ
た
な
は
ま
や
ら
わ

例2) Amazonの場合

Amazonはインターネットの通販サイトとして他の会社の商品を販売している

いいよ!!その代わり....

データは使わせてもらうよ!

Amazonさん!!

うちの会社の商品をぜひAmazonで販売させて頂きたいのですが...

Amazonで売ってもらうためなら仕方ない...

商品の売れ筋データや価格データをAmazonが独占することになる

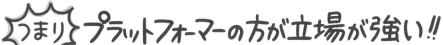

つまり プラットフォーマーの方が立場が強い!!

なるほど!

プラットフォーマーは他の企業や個人の利用者よりも大きな力を持っているってことね!!

そこで!!

✅チェック!!

弱い者いじめになっていませんか?

プラットフォーマーが強い力で他の企業に不当な扱いをしないように国がルールを定めた!!
(特定デジタルプラットフォームの透明性及び公正性の向上に関する法律)

131

〈ブランドを一言で言うと〉

組織　顧客（こきゃく）

機能面　情緒面（じょうちょめん）

自己表現（じこ）　人間関係

「組織（そしき）から顧客（こきゃく）への約束」である

デービット・アーカー『ブランド論（ろん）』より

ブランド品は高いものほど喜ばれ安売りしないことも価値（かち）の1つだとされる!!

一人あたりの労働生産性
フランス1177万円
日本924万円

そういえば高級ブランドが多いフランスの労働生産性は高い↑よね!!!

もともとブランドとは、家畜（かちく）の牛につけられた焼き印を示している。

ジュ〜〜

Aさんの牛!!

ものの所有者や出自（しゅつじ）を保証する印が語源！

その後、商標等を通して品質の保証を担（にな）う意味になった。

あ
か
さ
た
な
は
ま
や
ら
わ

アメリカの実業家でもあり大学教授

富裕層というのは地上に存在する他のどんな集団よりも均質！世界のどこへ行っても富裕層のエリートは同じ色！だから高級ブランドは境界を越えて世界に浸透する!!

スコット・ギャロウェイ

やっぱりブランドよねっ!!

細かい部分にまで気をつかって完璧に仕上げてこそ全体の完成度↑↑が高まるという意味

ブランドは品質面が高く「神は細部に宿る」仕事をしている！

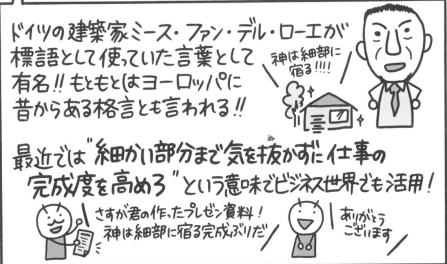

ドイツの建築家ミース・ファン・デル・ローエが標語として使っていた言葉として有名!! もともとはヨーロッパに昔からある格言とも言われる!!

神は細部に宿る!!!!

最近では"細かい部分まで気を抜かずに仕事の完成度を高めろ"という意味でビジネス世界でも活用！

さすが君の作ったプレゼン資料！神は細部に宿る完成ぶりだ

ありがとうございます

133

ブロックチェーンでは....

コミュニティの参加者全員で
同じ台帳を持って、ビットコインなどの出入りを管理している。

ビットコイン Ⓑ から生まれた技術だよ！

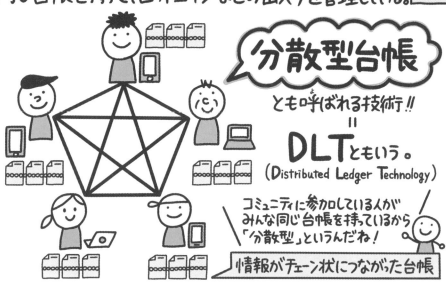

分散型台帳

とも呼ばれる技術‼
=
DLT ともいう。
(Distributed Ledger Technology)

コミュニティに参加している人が
みんな同じ台帳を持っているから
「分散型」というんだね！

情報がチェーン状につながった台帳

〈ブロックチェーンの特徴〉

① 情報を書き換えることが事実上不可能！

多くの人が同じ台帳を持っているから誰か一人が書き換えたとしても
他の人と違ってしまうから、バレる‼ まさに分散型のメリット✦✦

前後のつじつまが合わない

しかも情報がチェーン状になっていて一部を書き換えると
前後の関係がおかしくなる仕組みになっている！

トレーサビリティ	P.104	パラダイムシフト	P.120
ビットコイン	P.122	量子コンピュータ	P.148

② トラストレス（trustless）

ブロックチェーンはコミュニティ参加者みんなで動かしている！

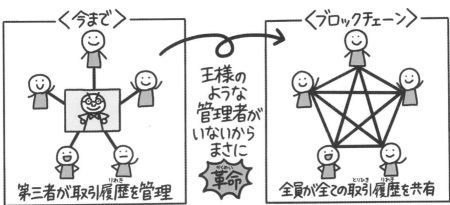

〈今まで〉　　王様のような管理者がいないからまさに 革命　〈ブロックチェーン〉

第三者が取引履歴を管理　　全員が全ての取引履歴を共有

国や銀行という信頼できる第三者が **必要ない** トラストレスな仕組み。

トラストレスとは……

信頼できる第三者さえ必要ないという意味だね！

③ トレーサビリティ

全ての出入りを記録するから誰から誰へ移動していったのかが
完全にわかる！ そのため応用範囲が広がりつつある！

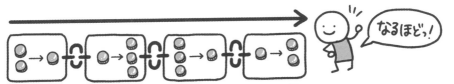

なるほどっ！

ダイヤモンド、魚、
畜産物の流通

絵画などが作者から誰へ
売られたものかを証明する
NFT (Non-Fungible Token)

不動産証券などを
電子化する
STO (Security Token
Offering)

文化GDPとは、商品を売買したりして獲得した「儲け」💰（GDP）のうち文化産業によるもの。

[文化GDP]

GDPの3〜6%
欧米諸国

GDPの1.8%
日本🇯🇵（2015年）

金額として8.8兆円に留まる……

目標

2025年までに文化GDPを……3%（18兆円）にするぞ↑

日本🇯🇵

そこで‼

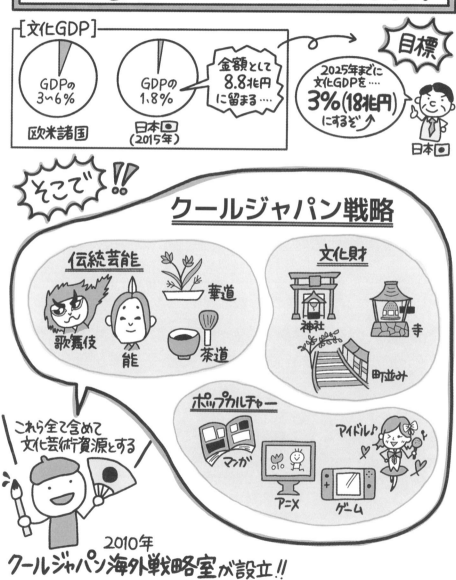

クールジャパン戦略

伝統芸能

歌舞伎　能　華道　茶道

文化財

神社　寺　町並み

ポップカルチャー

マンガ　アニメ　ゲーム　アイドル♪

これら全て含めて文化芸術資源とする

2010年
クールジャパン海外戦略室が設立‼

GDP　P.66

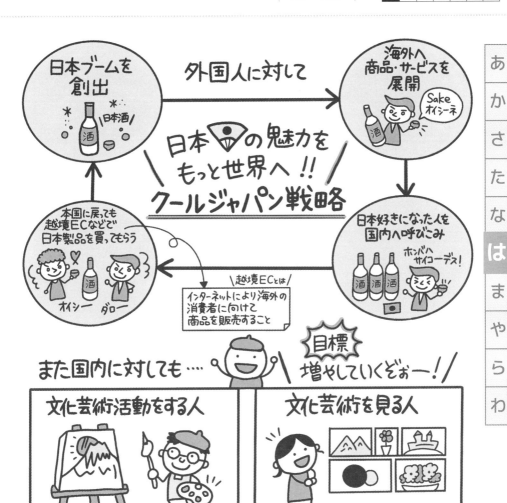

あ
か
さ
た
な
は
ま
や
ら
わ

ちなみにクールジャパン戦略はイギリス 🇬🇧 の

<u>クールブリタニア政策</u>（せいさく）をお手本にしている ＼1990年代／後半

音楽♪ ファッション👕 美術🎨 などの分野である
クリエイティブ産業を育成しようと推しすすめたイギリスの政策。
実際1997年から2013年の間に雇用が年間2.3%も増加した‼️

これを **MaaS** (Mobility as a Service)といい

ICT (Information and Communication Technology)を利用し

> インターネットやスマホなど
> を情報通信の技術を利用した
> 産業やサービスのこと

移動をシームレス（継ぎ目なく）に
行う考えのこと。

MaaSが進むと自動車は 所有 → 利用 に変わる！

2030年の
自動車産業
予想!!

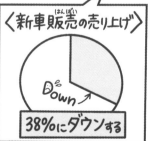

〈新車販売の売り上げ〉

Down

38%にダウンする

〈MaaSの売り上げ〉

UP

22%にアップする

トヨタはMaaSに積極的

ユーザーが欲しい時に
サービスを受けられる
オンデマンドサービスの実現

2018年にMaaS専用車両 e-Palette を発表。

個人ではなく企業が購入することを
考えて作った各種機能付き車両

カラオケ機能付き車両をカラオケ会社が買う。
個人は「カラオケがしたい」と思ったらスマホで
呼べばOk!! こんな未来をトヨタは描いている✨

家の前まで
来てくれるなんて
便利♪

お待たせ
しました～!!

フィンランドはMaaS先進国

何とかしたいわ……

国や地方自治体、地域住民も
交通渋滞を解消したかった。

そこで

産
（民間企業）

学
（教育・研究機関）

協力

民
（地域住民・NPO）

官
（国・地方自治体）

産学官民の四者が
協力してMaaSをすすめる

MaaSアプリ 📱 \Whim/ ユーザーは
電車・バス・タクシーの
利用がどんどん増え
マイカーの利用は**半減**↓

My car!!

うーん

こうなるとマイカーを持つ必要がなくなるね！

中央銀行（日銀）は経済が良い方向に向かうように
\ 金融政策を実施 /

失業率は?

インフレ率
（消費者物価指数）は?

この二大目標のためにお金の供給量をコントロールしている!!

そしてお金の供給量には**2つ**の考え方がある

その①マネタリーベース

注目ポイントは
日銀当座預金!

中央銀行（日銀）が世の中に直接供給するお金のことで

マネタリーベース
=

紙幣（銀行券）　＋　硬貨　＋　日銀当座預金

日銀が発行
ただし政府が定める
製造計画に従っている

政府が発行

国や民間銀行が
日銀に持っている口座

マネタリーベースを増やすには
日銀当座預金を増やせば
いいんだ!!
=
国債を民間銀行から
買い入れて代金を
日銀当座預金に振り込むことで
お金を増加させている↗

民間銀行は預金額のうち
一定割合を日銀当座預金に
預けなければならない!!

このお金を
準備預金という

| 赤字国債 P.6 | ハイパーインフレとお金の供給量 P.118 |
| インフレとデフレ P.20 | 日銀の異次元緩和 P.106 |

◉ 関連する項目

その② マネーストック

実際に存在する
お金よりもタタくなるよ!
（信用創造）

すべての銀行預金口座（こうざ）の合計額のこと

合計額なのにどうして実際のお金よりもタタくなるの？

それは…

銀行が預かっているお金を又貸し（またがし）（貸付）するから

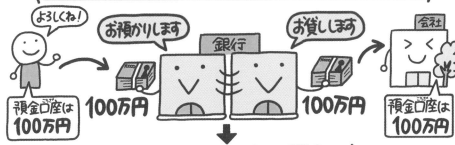

よろしくね！

お預かりします　銀行　お貸しします　会社

預金口座は
100万円　100万円　100万円　預金口座は
100万円

100万円しかなかった現金が、預金口座の
合計では倍の200万円になった。
これがマネーストック!!

マネーストックは通貨供給量（きょうきゅうりょう）ともいう!!

定期預金などを

含（ふく）まない M1　　区分が
あるよ!　　含（ふく）む M2

ちなみに…
マネーストックを通貨供給量（きょうきゅうりょう）というのは
昔マネーサプライ（サプライ：供給）と
言われていた名残。

2020年以降
マネーストックは
急激（きゅうげき）に増加!!

持っている**純資産100万ドル以上**

→（金融資産＋不動産－負債）

5000万ドル（約50億円）

日本🗾の超富裕層は4000人弱。その数は世界第5位！

超富裕層

私はミリオネアだが世界には上には上がいるもんだなぁ〜！納税額はすごそう…

100万ドル（約1億円）
ミリオネア人口

1位アメリカ（1700万人）

2位中国（350万人） 3位日本（280万人）

日本は相続税が高いため、富裕層が日本を脱出し、タックスヘイブンに移住するケースが増えている!!

？ **タックスヘイブンって何!?**

シンガポールやマレーシアが人気

（Tax Haven＝租税回避地）

さらば日本！いざ税金の少ないタックスヘイブンへ♪

相続税が😀だったり会社にかける法人税や個人の所得税が極端に低い国や地域のことをいう!!

カタカナ表記の場合は天国を意味する「Heaven」とよく間違えられるが「Haven」は避難所のこと！

GO!!

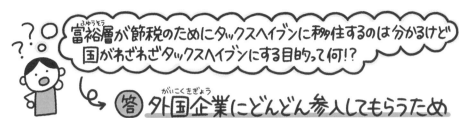

富裕層が節税のためにタックスヘイブンに移住するのは分かるけど
国がわざわざタックスヘイブンにする目的って何!?

答 外国企業にどんどん参入してもらうため

会社 ♥
おじゃましまーす

カリブ海にあるケイマン諸島が
とっても有名 !!

国 Welcome デース↗

世界中に活動拠点があり、
デジタルサービスを展開している
グローバル企業(多国籍企業)は
タックスヘイブンの国に拠点を
置くことで節税できる!

このような仕組みを ‥‥

節税スキームという

不公平だ !!!

しかし 「節税スキームを使う企業と使わない企業で
税金コストの負担が変わることで公平な競争が
できなくなっている !!」という議論も ‥‥

タックスヘイブンとあわせて覚えておきたい
パナマ文書の流出事件

2016年に中米のパナマにある法律文書が流出したもの。
文書にはケイマン諸島などでタックスヘイブンを利用する
世界中の著名人の名前が記載されていたため!

脱税として
罰金を
受ける人

や

税逃れと批判を
受けた政治家が
辞任 ‥‥

するなど

大騒ぎに!

あ
か
さ
た
な
は
ま
や
ら
わ

143

第1次産業革命　18世紀：イギリス

水力や石炭を利用した
蒸気機関(じょうききかん)が動力として
実用化!! この動力源(どうりょくげん)を
使って機械を動かし、
紡績業(ぼうせきぎょう)(糸を紡(つむ)ぐこと)が
発展(はってん)する。

第2次産業革命　19世紀：アメリカ

石油を動力源(どうりょくげん)に
するようになる。
鋼鉄(こうてつ)・造船といった
重工業が発展(はってん)!!

第3次産業革命　1990年代初頭

コンピュータを利用し
生産の自動化や
効率化が進む!!

AIとビッグデータ　P.22 ｜ 資本主義と経済学の誕生　P.78
ドイツのインダストリー4.0　P.100 ｜ パラダイムシフト　P.120

⊚ 関連する項目

あ
か
さ
た
な
は
ま
や
ら
わ

第4次産業革命　そして2021年現在

AI

BIG DATA

IoT

これらを活用することでより高度な
知的活動が可能になった!!

ロボット

生産が効率化されて
労働生産性がUPした！

例 **マスカスタマイゼーション**

受注生産の1点もの（カスタム製品）	を	大量生産すること（マスプロダクション）

ムダがなくなることは
ESGや
SDGsの考えとも
合っている!!

1人1人に合わせて
完成シマシタ!!

145

リープフロッグ＝馬とび（カエルとび）のこと。

新興国などで途中の段階を飛び越して最先端の段階に達してしまう現象のこと。

ピョーーーン

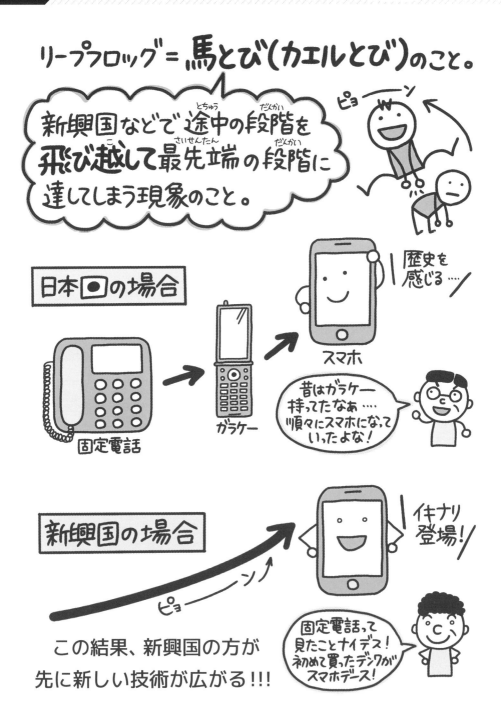

日本🔘の場合

固定電話 ➡ ガラケー ➡ スマホ

歴史を感じる……

昔はガラケー持ってたなぁ……順々にスマホになっていったよな！

新興国の場合

ピョーーーン↗

イキナリ登場！

固定電話って見たことナイデス！初めて買ったデンワがスマホデス！

この結果、新興国の方が先に新しい技術が広がる！！！

どうしてこういうことが起こるの？

それはね……

先進国はすでにインフラとして色々なものが広まっているため
古いものを壊して新しいものに切り替えるのが大変……

時間 と お金 が必要!!!

古いもの

別に困ってないし
このままでいいんじゃ…

新しいもの

また、現在の生活にそれほど不便さを感じていなければ、新しい
ものを急いで導入しようという感覚も薄くなる。そのため……

何もないところに新しいものを導入するほうが楽で速い

インフラ（infrastructure）

新興国の方が社会の土台である
インフラが最新。

鉄道
道路
インターネット回線
電気・水道
病院　学校

リバースイノベーション

新興国で新しい技術や製品をまず広め
それを日本や欧米のような先進国に持っていくこと。

リバース＝逆

先

新

レガシーシステム

先進国は古くなった今までのシステムである
レガシーシステムが足かせになっている。

ボロッ…

新しいシステムを
取り入れる際に
ジャマになることも……

あ
か
さ
た
な
は
ま
や
ら
わ

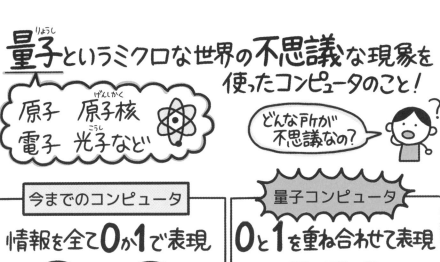

量子というラミクロな世界の不思議な現象を使ったコンピュータのこと！

原子　原子核
電子　光子など

どんな所が不思議なの？

今までのコンピュータ	量子コンピュータ
情報を全て**0**か**1**で表現	**0**と**1**を重ね合わせて表現
⓪ ①	⓪┃①
コインの場合「表か裏」	コインが回っている状態

(例) 量子Aと量子Bを足し算すると

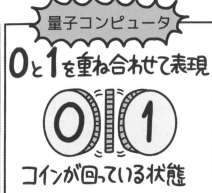

どちらも**0**と**1**が重ね合わされているから…

0+0、0+1、1+0、1+1の4通りを一気に表現できる！

量子が20個あれば**100万**通りを一気に表現できちゃう

なるほど!!だから量子だと計算の手順を減らすこと（省力化）ができるんだ…!!
一気にたくさんの**組み合わせ**を計算しなきゃいけないとき絶大な効果がありそうだね―!!

量子スゴイ！

あ
か
さ
た
な
は
ま
や
ら
わ

〈量子コンピュータの特徴〉

☑ 計算手順を **省力化** する

スーパーコンピュータのように計算速度が単に速いというわけではない。

☑ 電力消費量が **少ない**

従来のスーパーコンピュータは原子力発電所1基分の電力が必要だが、量子コンピュータはほとんど電気を消費しない!

1人で2役♪ 計算を省力化してスピードUP↗ しかもとってもエコ♡

量子コンピュータはこんなところに期待されている

自動運転の迅速化・渋滞解消

リアルタイムに変化する道路状況の **組み合わせ** を一気に計算するよ!

新薬の開発

たくさんの分子の **組み合わせ** を一気に計算できる!

暗号を革新

ブロックチェーンが安心できなくなる時代が来るの!?

たくさんの **組み合わせ** を一気に計算して暗号を解読!

量子って不思議でしょ!?

量子のもう1つの特徴（量子もつれ）を使った量子暗号も登場!!

149

確かによくニュースで聞いた気が……

2019年に日本で老後2000万円問題が話題に!

金融庁(きんゆうちょう)が発表した報告書

高齢社会(こうれい)における資産形成・管理(2019年6月)

国民年金・厚生年金だけでは老後に2000万円不足してしまう

年金制度は崩壊(ほうかい)するのでは!?

新聞やテレビなどのマスコミでも盛(さか)んに取り上げられた!

ただし 同じような内容の報告書は以前からも出されていた。この報告書が言いたかったのは、平均的な収入(しゅうにゅう)と支出を年代別に見積もると

夫婦で毎月5万円の赤字

あと30年生きるとすると…… → 2000万円不足する。

男性65歳 女性60歳

よって!! 各自が資産形成をがんばるべき という点!!

アメリカでは75歳以上の金融資産(きんゆう)がここ20年で3倍!! 一方日本はほぼ横(よこ)ばい……。

これを伝えたかった……!!

老後の不足額は自身の金融資産(きんゆう)で補(おぎな)わなければならない。だから資産形成が必要なのです!!!

iDeCo　P.18　｜　株式と投資信託　P.40　｜　公的年金　P.62
｜　投資　P.102　｜　年金の仕組み　P.116

◉ 関連する項目

あ
か
さ
た
な
は
ま
や
ら
わ

特に **資産寿命** を延ばすことが重要だとされている！

作り上げてきた資産がなくなるまでの期間のこと

資産寿命を延ばすためには....

積立投資　コツコツ

なるべく早くから**長期間**にわたり
投資を続けることで
ドルコスト平均法の
メリットを得られる。

分散投資

「株式と債券」
「日本と世界」など
分散して投資することで
リスクを減らすことができる。

ドルコスト平均法とは？　ドルコストの「ドル」とは
お金のことだよ！

同じ株式に同じ金額を毎月投資していくと...

株価が高いと少ししか買えない
5株　4株
8株　10株　8株
株価が安いとたくさん買える!!　時間

安い時にたくさん買えるから
持っている株数も増える
↓
将来的に株価が上がれば
儲かるチャンスが増える

長期運用のリスク分散となる

この「長期」「積立」「分散」の3本柱に加えて
複利運用（投資によって得た利益を再投資）できるのが、
iDeCo と **つみたてNISA** という**金融商品**!!

年間40万円までの
利用制限があるよ

期間中に発生した利益は
非課税になる♡

どれくらい「効率良く」利益💰をうんでいるか

2つの指標

（ GDP ＝ 国内総生産 🔘 ）

「1人」あたりの
労働生産性
（ GDP ÷ 働く人の人数 ）

「1時間🕐」あたりの
労働生産性
（ GDP ÷ 働いた時間 ）

日本の労働生産性は**20位**前後……↘
（これは工業国としては、どちらもかなり低い順位😔）

日本🔘の課題

少子高齢化で
労働力がダウン↓

もう引退じゃ…

昔みたいにバリバリ働けんけん…

よって‼

労働生産性を高めて
少ない働き手で経済成長を
進める必要あり‼

少ない人数でたくさんの
利益を出すために
「キャッシュレス」「生体認証」
「FinTech」などの
技術が重視されて
いるんだ‼

GDP　P.66　　ドイツのインダストリー 4.0　P.100
人口ピラミッド　P.88　　日本の働き方改革　P.110

日本の労働生産性はどうして低いの？

原因① サービス業の生産効率が悪い

日本 ⬤ のGDP

サービス業が
約7割を占める

その中でも特にこの3つの

小売業 👕

飲食業 🍴

宿泊業（しゅくはくぎょう）
Hotel

労働生産性はアメリカの半分以下

ほぼ国内のみの取引のため、国際的に競争にさらされている製造業に
比べてイノベーション（技術革新↗︎）がもたらされていない結果ともいえる！

原因② ゾンビ企業（きぎょう）の存在

ゾンビ企業（きぎょう）とは？　経営がすでに破綻（はたん）しているにもかかわらず
銀行や政府の支援（しえん）によって存続させられた企業（きぎょう）。
生産性や収益性（しゅうえきせい）が低い￥↓

バブル崩壊（ほうかい）後
大量に
発生!!

まだいけるよ!! ガンバレ 🚩

銀行

政府

ボロボロ…

保護によって復活した企業（きぎょう）もあるが
労働生産性の低さを招いてしまった。

153

英数字

1対5の法則	30
1人あたりGDP	8, 9, 67
5G	126, 127
6G	127
AI	22, 23, 45, 70, 71, 97, 101, 110, 121, 129
Amazon	34, 35, 37, 130, 131
AML→アンチマネーロンダリング	59
Apple	34, 37, 130
ASEAN4	8, 9
B/S→貸借対照表	61
Brexit	16, 17
CASE	76, 77
CoC認証	105
CPI→消費者物価指数	84, 85, 140
CPS→サイバーフィジカルシステム	100, 101
DLT→分散型台帳	134
EDINET	83
e-Palette	139
ESG	14, 15, 70, 145
EU	16, 17
FAANG	34
Facebook	34, 35, 37, 130
FinTech	11, 128, 152
GAFA	34, 35, 57, 114, 130
GAFAM	34
GDP	9, 34, 57, 66, 67, 109, 113, 136, 152
Google	34, 37, 130
ICT	68, 138
iDeCo	18, 19, 63, 117, 151
IoT	101, 127
IUU漁業	72
JPQR	47
KYC	58, 99
LIBOR	51
LTV	30
M&A	83
M1	141
M2	141
MaaS	138, 139
MEL	73
Microsoft	34, 37
MMT	28, 29, 53, 113, 123
M-PESA	99
MSC	73, 105
Netflix	31, 34
OECD	86

P/L→損益計算表	61
PRI→投資責任原則	15
QQE→量的・質的緩和政策	107
QRコード	46, 47, 120, 128
S&P500	36, 37, 41
SDGs	12, 15, 24-27, 97, 99, 145
Tax Haven→タックスヘイブン	9, 35, 142, 143
TOPIX	36, 37
VAT→消費税	86, 87, 90, 91, 92, 116

あ

赤字国債	6, 7, 52, 53, 108, 109
アジアNIES	8, 9
アジアの世紀	8, 9
アダム・スミス	78, 94
後払式	55
アフリカの時代	10, 11
アマゾンエフェクト	35
暗号資産交換所	122
アンチマネーロンダリング	59

い

異次元緩和	106
一物一価	96
イノベーション	25, 27, 153
衣服ロス	70, 96
インターバンク	42, 51
インダストリー4.0	100, 101
インフラ	27, 147
インフレ	20, 21, 28, 43, 53, 84, 94, 95, 106, 107, 109, 118, 119, 140

う

ウォーレン・バフェット	103
海のエコラベル	73, 105
売りオペ	64
運用	14, 18, 19, 36, 41, 43, 75, 102, 103, 117, 151

え

エコシステム	125
エシカル	12, 13, 70
越境EC	137
円高ドル安	42, 43, 75
円安ドル高	42, 43

お

大きな政府	95
オペレーション	64
オンデマンドサービス	139

か

買いオペ	64
会計監査	83
海洋管理協議会→MSC	73, 105
確定給付年金	117
確定拠出年金	117
確定申告	93
課税所得→所得	63, 80, 81, 90, 91, 93

株価	36, 37, 39, 40, 49, 75, 82, 94, 151
株式	14, 18, 36, 37, 38, 40, 41, 48, 49, 82, 83, 94, 102, 151
株式会社	38, 39, 49, 82, 93
株式上場	40
株式優待	40
株主	38, 39, 83
株主総会	39
神は細部に宿る	133
為替レート	42, 43, 75
間接効果	115
間接税	90, 91, 92
完全失業率	74, 75
元本	48, 102, 103
き 機関投資家	14, 15, 102, 112
基軸通貨	33
技術革新→イノベーション	25, 27, 153
基礎年金→国民年金	62, 63, 116, 150
逆進性	87
キャッシュレス	23, 44, 45, 99, 128, 152
キャピタルゲイン	40, 102
キャリートレード	43
金銭消費貸借契約	50
金兌換券	29, 32
金本位制	32, 33
金融緩和政策	64, 95, 106, 107
金融商品	41, 48, 49, 151
金融政策	21, 64, 65, 75, 106, 129, 140
金融引き締め政策	64
金利	43, 50, 51, 96, 129
く クーポンレート	6
クールジャパン	136, 137
クールブリタニア政策	137
クレジットカード	46, 54, 55, 59
け 軽減税率	87
経済学	78, 79
経済協力開発機構→OECD	86
経常収支	56, 57
ケインズ経済学	94, 95
決算	60
決算書	60, 61, 83
現代貨幣理論→MMT	28, 29, 53, 113
こ コアコア指数	85
コア指数	85
公開市場操作	64
合計特殊出生率	89
公債	61, 108, 109, 112, 113
厚生年金	62, 63, 150
公的年金	18, 19, 62, 63
公認会計士	83
国債	6, 7, 28, 29, 43, 48, 49, 50, 53, 64, 65, 102, 106, 107, 108, 109, 112, 113, 140
国内総生産→GDP	9, 34, 57, 66, 67, 109, 113, 136, 152
国民年金	62, 63, 116, 150
国民年金基金	63, 117
国民負担率	80, 81
国庫負担	116
コネクテッド	76
雇用統計	75
さ 債券	41, 48, 49, 151
財政赤字	6, 29
財政支出	6, 28, 64, 65, 94
財政政策	64
財政ファイナンス	7, 53, 65, 113
サイバーフィジカルシステム	100, 101
財務諸表→決算書	60, 61, 83
サステナブル→持続可能性	12, 15, 24, 26, 27, 70, 71, 86, 109, 125
サトシナカモト	121
サブスクリプション	31
サプライチェーン	104
産業革命（第1次〜第4次）	8, 32, 78, 100, 101, 120, 144, 145
参入障壁	115
し シェア	68, 71, 77
シェアリングエコノミー	68, 69
時価総額	34, 37, 39
資産	9, 60, 61, 68, 69, 90, 113, 142, 150, 151
資産寿命	151
指数	37, 84
自然失業率	74
持続可能性	12, 15, 24, 26, 27, 70, 71, 86, 109, 125
持続可能な漁業	72, 73, 105
失業率	64, 74, 75, 94, 140
自動運転	77, 126, 149
資本金	39
資本主義経済	78, 82
社会保険料	80, 81
社会保障	7, 80, 81, 86, 89
社債	48, 49
出資	38, 39, 83, 129

準備預金　140
証券会社　40, 49, 82
証券取引所　36, 40, 49, 82
少子高齢化　10, 81, 88, 89, 100, 116, 152
上場　37, 39, 40, 82, 83
上場廃止　83
償還期限　108
消費者物価指数　84, 85, 140
消費税　86, 87, 90, 91, 92, 116
食品ロス　71, 96, 97
所得　63, 80, 81, 90, 91, 93
所得税　19, 63, 90, 91, 93, 142
所有と経営の分離　38
ジョン・メイナード・ケインズ　94
仕訳　60
新興工業経済地域→アジアNIES　8, 9
人工知能→AI　22, 23, 45, 70, 71, 97, 101, 110, 121, 129
人口爆発　9, 10, 11, 88
人口ピラミッド　88
人口ボーナス　10
人生100年時代　121
信託報酬　41
信用創造　141

す スコット・ギャロウェイ　133
スタグフレーション　95
ストック　60, 61
スマートファクトリー　100, 101

せ 税金　6, 19, 29, 35, 80, 81, 87, 90-94, 116, 123, 143
生体認証　58, 59, 68, 152
世界大恐慌　33, 65, 94
節税スキーム　143

そ 総合指数　85
増資　39, 83
租税回避地→タックスヘイブン　9, 35, 142, 143
損益計算表　61
ゾンビ企業　153

た 第4次産業革命　100, 101, 120, 145
第一次所得収支　56, 57
貸借対照表　61
ダイナミック・プライシング　23, 71, 96, 97
ダウ平均株価　36, 37, 41
高橋是清　53, 65, 95
タックスヘイブン　9, 35, 142, 143
単一パスポート制度　17
タンス預金　45

ち 小さな政府　95
血のダイヤ→ブラッド・ダイヤモンド　13
中央銀行　7, 64, 65, 75, 140
超富裕層　142
直接効果　114
直接税　90-94
直間比率　92
追跡可能性→トレーサビリティ　104, 105, 135
通貨供給量→マネーストック　106, 118, 140, 141
つみたてNISA　151
積立投資　151
積立方式　117
積立預金　48

て ディープラーニング　22
定期預金　48
デービット・アーカー　132
デジタル格差→デジタルディバイド　98, 99
デジタルディバイド　98, 99
デフォルト　112
デフレ　20, 21, 43, 65, 84, 94, 106
電子マネー　45, 55, 99
デンソーウェーブ　47
電動化　77
店舗提示型　46

と 東京証券取引所　36, 37, 40, 49, 82
投資　14, 15, 41, 48, 50, 53, 57, 94, 102, 103, 151
投資信託　36, 40, 41, 48, 49
投資責任原則　15
東証→東京証券取引所　36, 37, 40, 49, 82
特例公債法　6, 7, 108
特例国債→赤字国債　6, 7, 52, 53, 108, 109
トラストレス　135
取締役　38
ドルコスト平均法　151
トレーサビリティ　104, 105, 124, 135
トレードオフの関係　79

な ナスダック　36, 37, 40, 49

に ニクソンショック　33
日銀→日本銀行　7, 53, 64, 65, 75, 106, 107, 109, 113, 129, 140
日銀当座預金　106, 107, 140
日銀引受→財政ファイナンス　7, 53, 65, 113
日経平均株価　36, 37, 41
日本銀行　7, 53, 64, 65, 75, 106, 107, 109, 113, 129, 140

ニューヨーク証券取引所　36, 37, 40, 49
ね ネットワーク効果　114, 115
年金　18, 19, 62, 63, 81, 89, 116, 117, 150
年利　50
の ノーロード　41
は バーチャルデータ　23
売却益→キャピタルゲイン　40, 102
配当　39, 40, 56, 57, 102
ハイパーインフレ　21, 53, 65, 112, 118, 119
働き方改革　14, 100, 110, 111
パナマ文書　143
パラダイムシフト　120
ひ ビッグデータ　22, 23, 45, 46, 101
ビットコイン　122-125, 134
非農業部門雇用者数→雇用統計　75
標準税率　87
ふ フィンテック→FinTech　11, 128, 152
フードロス→食品ロス　71, 96, 97
フェイクニュース　35
付加価値税→消費税　86, 87, 90, 91, 92, 116
賦課方式　116
複式簿記　60
複利　103, 151
負債　54, 55, 60, 61, 113, 142
普通預金　48
富裕層　9, 87, 133, 142, 143
プライマリーバランス　7
ブラッド・ダイヤモンド　13
プラットフォーマー　34, 130, 131
フランス語の時代　11
ブランド　132, 133
フリーミアム　31
プルーフオブワーク　125
フレデリック・F・ライクヘルド　30
ブレトン・ウッズ体制　33
フロー　60, 61
ブロックチェーン　12, 104, 121, 124, 125, 134, 135, 149
文化GDP　136
分散型台帳　134
分散投資　151
紛争ダイヤ　13, 105
へ ペイロール・カード　99
ほ 貿易収支　43, 56, 57
包摂性　27, 99
法人税　90, 93, 142
本人確認→KYC　58, 99

ま マイケル・A・オズボーン　121
マイナー　125
前払式　55
マスカスタマイゼーション　70, 145
マネーストック　106, 118, 140, 141
マネーロンダリング　59
マネタリーベース　106, 107, 118, 140
み ミース・ファン・デル・ローエ　133
見えざる手　78, 79, 94
ミリオネア　9, 142
ミルトン・フリードマン　95
ミレニアル世代　98
も 持分　39
モノカルチャー経済　13
ゆ 有効求人倍率　75
よ 預金保険制度　48
り リアルデータ　23
リープフロッグ　8, 9, 11, 146
利子→利息　6, 48, 49, 50, 102, 107, 108
利子率→金利　43, 50, 51, 96, 129
利息　6, 48, 49, 50, 102, 107, 108
リバースイノベーション　147
利回り　50, 102
量子　148, 149
量子コンピュータ　148, 149
利用者提示型　46
量的・質的緩和政策　107
利率→金利　43, 50, 51, 96, 129
リンダ・グラットン　121
る 累進課税　93
ルーズヴェルト　95
れ レアメタル　12
レガシーシステム　147
ろ 労働時間貯蓄制度　100
労働生産性　100, 101, 110, 128, 132, 145, 152, 153
労働力人口　74
労働力調査　74
老後2000万円問題　150

・日銀データベース
・「早わかりグラフで見る長期労働統計」独立行政法人労働政策研究所・研修機構／https://www.jil.go.jp/kokunai/statistics/timeseries/index.html
・独立行政法人政策研究・研修機構
・「2019年の国際収支統計および 本邦対外資産負債残高」日銀／https://www.boj.or.jp/statistics/br/bop_06/bop2019a.pdf
・「2020年6月末者別内訳」財務省
・"VENEZUELA'S MONEY SUPPLY" REUTERS
・国民年金基金連合会ホームページ
・「米でカード延滞急増 限度額下げ、消費回復遅れも」日経新聞2020/5/10／https://www.nikkei.com/article/DGXMZO58921250Q0A510C2FF8000/
・「Statutory corporate income tax rate」OECD.Stat
・『MMTとケインズ経済学』永濱利廣,ビジネス教育出版社
・『ヘリコプターマネー』井上智洋,日本経済新聞出版社
・『選択の自由』M&R・フリードマン／西山千明訳,日本経済新聞出版社
・『MMT現代貨幣理論入門』L・ランダル・レイ／島倉原監訳・鈴木正徳訳,東洋経済新報社
・『現代経済学の直観的方法』長沼伸一郎,講談社
・『ミルトン・フリードマンの日本経済論』柿埜真吾,PHP新書
・『財政危機の深層』小黒一正,NHK出版新書
・「金融緩和の強化について」2020年4月27日,日本銀行／https://www.boj.or.jp/announcements/release_2020/k200427a.pdf
・「キャッシュレス・ビジョン」経済産業省,2019／https://www.meti.go.jp/press/2018/04/20180411001/20180411001-1.pdf
・「明日の日本を支える観光ビジョン」首相官邸,2016／https://www.kantei.go.jp/jp/singi/kanko_vision/pdf/gaiyou.pdf
・「キャッシュレス化推進に向けた国内外の現状認識」株式会社野村総合研究所,2018／https://www.meti.go.jp/committee/kenkyukai/shoryu/credit_carddata/pdf/009_03_00.pdf
・「Economic Trends キャッシュレスを疑わせるタンス預金の増加」第一生命経済研究所,2019／http://group.dai-ichi-life.co.jp/dlri/pdf/macro/2018/kuma190308ET.pdf
・「プレスリリース 2018年10月29日」クレディ・スイス,2018／https://www.credit-suisse.com/media/assets/corporate/docs/about-us/media/media-release/2018/10/2018-10-29-global-wealth-report-press-release-jp.pdf
・「FinTech 現状とこれから」日本銀行,2018／https://www.boj.or.jp/announcements/release_2018/rel180314b.pdf
・「アジア2050－アジアの世紀は実現するか」アジア開発銀行,2011／https://www.adb.org/sites/default/files/publication/29311/asia-2050-executive-summary-jp.pdf
・「質を調整した日米サービス産業の労働生産性水準比較」生産性レポートVol.6 2018年1月」公益財団法人日本生産性本部生産性研究センター,深尾京司,池内健太,滝澤美帆,2018／https://www.jpc-net.jp/study/sd6.pdf
・「英国の『クリエイティブ産業』政策に関する研究」季刊 政策・経営研究 三菱UFJリサーチ&コンサルティング,2009／https://www.murc.jp/report/rc/journal/quarterly/quarterly_detail/200903_119/
・「通商白書2012 第4章第2節ニーズの変化に対応した海外事業活動支援」経済産業省,2012／https://www.meti.go.jp/report/tsuhaku2012/2012honbun_p/2012_04-2.pdf
・「クールジャパン戦略について」内閣府,2019／https://www.cao.go.jp/cool_japan/about/pdf/cj_initiative.pdf
・"Bitcoin: A Peer-to-Peer Electronic CashSystem" Satoshi Nakamoto,2008／https://bitcoin.org/bitcoin.pdf
・「越後屋誕生と高利の新商法」三井広報委員会／https://mitsuipr.com/history/edo/02/
・「文化・芸術の持つ可能性～直接的な効果と中長期的な効果～」参議院,2011／http://warp.da.ndl.go.jp/info:ndljp/pid/10357835/www.sangiin.go.jp/japanese/annai/chousa/rippou_chousa/backnumber/2011pdf/20110905107.pdf
・"THE FUTURE OF EMPLOYMENT:HOW SUSCEPTIBLE ARE JOBS TOCOMPUTERISATION?"Carl Benedikt Freyand Michael A. Osborne／https://www.oxfordmartin.ox.ac.uk/downloads/academic/The_Future_of_Employment.pdf
・「食品ロス削減関係参考資料」消費者庁,2019／https://www.caa.go.jp/policies/policy/consumer_policy/information/food_loss/efforts/pdf/efforts_180628_0001.pdf
・「官民ITS構想・ロードマップ 2017」高度情報通信ネットワーク社会推進戦略本部,2017／https://www.kantei.go.jp/jp/singi/it2/kettei/pdf/20170530/roadmap.pdf
・「自動車用運転自動化システムのレベル分類及び定義」公益財団法人自動車技術会,2018／https://www.jsae.or.jp/08std/data/DrivingAutomation/jaso_tp18004-18.pdf
・「完全自動運転、EU2030年代に実現 安全指針策定へ」日経新聞,2018年5月18日
・"Recommendations for implementingthe strategic initiative INDUSTRIE 4.0"acatech,2013／https://www.din.de/blob/76902/e8cac883f42bf28536e7e8165993f1fd/recommendations-for-implementingindustry-4-0-data.pdf
・「マス・カスタマイゼーション（一品大量生産）をIoTで実現したハーレー・ダビッドソン」SAPBusiness Innovation Update,村田 聡一郎,2015／https://www.sapjp.com/blog/archives/10319
・「ドイツの「労働時間貯蓄制度」─新たなモデルの行方」独立行政法人労働政策研究・研修機構,2008／https://www.jil.go.jp/foreign/labor_system/2008_7/german_01.html
・「MaaS（モビリティ・アズ・ア・サービス）について」国土交通政策研究所,2018／http://www.mlit.go.jp/pri/kikanshi/pdf/2018/69_1.pdf
・「ICTトピック 次世代の交通MaaS」総務省,2018／http://www.soumu.go.jp/menu_news/s-news/02tsushin02_04000045.html
・「シェアサイクルとは」一般社団法人日本シェアサイクル協会／http://www.gia-jsca.net/sharecycle.shtml
・「平成30年版情報通信白書 第5節 シェアリングエコノミーの持つ可能性」総務省／http://www.soumu.go.jp/johotsusintokei/whitepaper/ja/h30/pdf/n2500000.pdf
・「デジタル自動車レポート2018」PwC,2018／https://www.strategyand.pwc.com/jp/research/digital-auto-2018
・IMF DATA
・IMF World Economic Outlook Database
・THE WORLD BANK／World Bank Open Data
・「日本の将来推計人口（平成29年推計）」国立社会保障・人口問題研究所／http://www.ipss.go.jp/pp-zenkoku/j/zenkoku2017/pp29_PressRelease.pdf
・「平成30年我が国の人口動態」厚生労働省／https://www.mhlw.go.jp/toukei/list/dl/81-1a2.pdf
・世界の人口ピラミッド／https://www.populationpyramid.net
・国立社会保障・人口問題研究所／http://www.ipss.go.jp/
・世界銀行／http://www.worldbank.org/
・『国際労働比較2018』独立行政法人国際労働比較・研修機構
・『仮想通貨 技術・法律・制度』岡田仁志,高橋郁夫,山崎重一郎,東洋経済新報社
・『ジェトロセンサー 2015年3月号』JETRO,2015
・『ブランド論 無形の差別化を作る20の基本』デービッド・アーカー,阿久津聡訳,ダイヤモンド社
・『何が日本の経済成長を止めたのか 再生への処方箋』 星岳雄,アニル・K・カシャップ,日本経済新聞出版社
・『the four GAFA 四騎士が創り変えた世界』 スコット・ギャロウェイ,波江圭子訳,東洋経済新報社

・『LIFE　SHIFT　100年時代の人生戦略』 リンダ・グラットン，アンドリュー・スコット，池村千秋訳，東洋経済新報社
・「平成29年度　国の財務書類」財務省／ https://www.mof.go.jp/budget/report/public_finance_fact_sheet/fy2017/kuninozaimu2017.html
・「OECD経済審査報告書　日本」OECD,2019 ／ http://www.oecd.org/economy/surveys/Japan-survey-2019-overview-japanese.html
・「生活製品におけるIoT等のデジタルツールの活用による生活の質の向上に関する研究会報告書」経済産業省,2019 ／ https://www.meti.go.jp/policy/mono_info_service/mono/fiber/downloadfiles/01_report.pdf.「クローズアップ現代」ＮＨＫ,2018年9月13日放送分／ https://www.nhk.or.jp/gendai/articles/4182/index.html?1536733717
・「平成29年末現在本邦対外資産負債残高の概要」財務相,2018 ／ https://www.mof.go.jp/international_policy/reference/iip/2017.htm
・「焦点：財政拡大理論「ＭＭＴ」、理想の地は日本か」ロイター,2019年3月8日／ https://jp.reuters.com/article/mmt-japan-idJPKCN1QP072
・「日本銀行が国債の引受けを行わないのはなぜですか？」日本銀行／ https://www.boj.or.jp/announcements/education/oshiete/op/f09.htm/
・"World Population Prospects 2017 Revision" 国連
・「国際連合『世界人口予測・2017年改訂版』概要」国立研究開発法人 国際農林水産業研究センター／ https://www.jircas.go.jp/ja/program/program_d/blog/20170626
・「ジェトロセンサー2017年2月号『アフリカ　フィンテックが未来を変える』」独立行政法人日本貿易振興機構／ https://www.jetro.go.jp/ext_images/_Reports/01/b65e34cd54825211/20160116.pdf
・「平成27年版　情報通信白書平成」総務省,2015 ／ http://www.soumu.go.jp/johotsusintokei/whitepaper/ja/h27/html/nc123130.html
・「FinTech－現状とこれから」日本銀行FinTechセンター,2018 ／ https://www.boj.or.jp/announcements/release_2018/rel180314b.pdf
・「アフリカの鉱山資源の重要性と我が国の取り組み」経済産業省／ https://www.mofa.go.jp/mofaj/area/africa/pdfs/sm_kanmin_1_6.pdf
・「通商白書2016」経済産業省／ https://www.meti.go.jp/report/tsuhaku2016/pdf/2016_02-04-01.pdf
・"Living Planet Report" WWF,2018 ／ https://wwf.panda.org/knowledge_hub/all_publications/living_planet_report_2018/
・「平成29年度水産白書」水産庁,2018 ／ http://www.jfa.maff.go.jp/j/kikaku/wpaper/29hakusyo/
・「平成28 (2016) 年度ニシン北海道の資源評価」北海道区水産研究所／ http://abchan.fra.go.jp/digests28/details/2823.pdf
・「持続可能な食材の調達」日本マクドナルド株式会社／ http://www.mcdonalds.co.jp/company/scale_for_good/sourcing/
・「食品などが及ぼす環境影響を追跡可能に　新たなブロックチェーン・プラットフォーム」ＷＷＦジャパン,2019 ／ https://www.wwf.or.jp/activities/activity/3855.html
・「MSCニュースレター2019年1月」MSC (海洋管理協議会) 日本事務所,2019 ／ https://www.msc.org/docs/default-source/jp-files/newsletter/msc%E3%83%8B%E3%83%A5%E3%83%BC%E3%82%B9%E3%83%AC%E3%82%BF%E3%83%BC2019%E5%B9%B41%E6%9C%88.pdf?sfvrsn=257bb031_2
・"BETTER BUSINESS BETTER WORLD" Business & Sustainable DevelopmentCommission,2017 ／ https://sustainabledevelopment.un.org/content/documents/2399BetterBusinessBetterWorld.pdf

・「水産エコラベルの普及・推進について」水産庁,2019 ／ http://www.jfa.maff.go.jp/j/kikaku/shiawase/suishinkaigi/sskg_7_8.pdf
・「キャッシュレス・ビジョン」経済産業省,2019 ／ https://www.meti.go.jp/press/2018/04/20180411001/20180411001-1.pdf
・「世界の消費税 (付加価値税) 152カ国」全国間税会総連合／ http://www.kanzeikai.jp/img/f_users/r_6823811img20180928155338.pdf
・「消費税など (消費課税) に関する資料」財務省／ https://www.mof.go.jp/tax_policy/summary/itn_comparison/j04.htm
・「税収に関する資料」財務省,2018
・「法人課税に関する基本的な資料」財務省／ https://www.mof.go.jp/tax_policy/summary/corporation/c01.htm
・「社会問題にまで発展した中国タクシー配車アプリの実態とは」Sayuri Morimoto,2014 ／ http://shund.red/2014/12/18/taxi/
・"Share of U.S. Households without a BankAccount Continues to Drop" Federal DepositInsurance Corporation Press ReleasesOctober 23, 2018 ／ https://www.fdic.gov/news/news/press/2018/pr18077.html
・「PRI、2018年に署名機関数2232となり21%増加。日本は68機関で世界10位」SustainableJapan、2019/01/31 ／ https://sustainablejapan.jp/2019/01/31/prisignatories-2018/36906
・「減少するアメリカの上場企業」ニッセイ基礎研究所,2017 ／ https://www.nli-research.co.jp/report/detail/id=57443?site=nli
・「CSR重点テーマの設定」ダスキン／ https://www.duskin.co.jp/csr/csrvision/policy/
・「MSCIジャパンESGセレクト・リーダーズ指数構成銘柄」MSCI,2019 ／ https://www.msci.com/documents/1296102/3556282/2017+Dec_ESG+Select+Leaders+list.pdf/831a09c7-2745-48dd-9b2b-bbcaefd321b5 https://www.jftc.go.jp/houdou/pressrelease/2019/apr/190411.html
・「ベネズエラ、インフレ率169万%に」日本経済新聞,2019/1/10 ／ https://www.nikkei.com/article/DGXMZO39838900Q9A110C1EAF000/
・世界銀行「Fertility rate,total(births perwoman)」
・OECD Tax Database
・日本銀行「時系列統計データ」
・『政府の隠れ資産』ダグ・デッター，ステファン・フォルスター
・「SDGsの17の目標」の文章は「持続可能な開発目標 (SDGs) と日本の取組」外務省／ https://www.mofa.go.jp/mofaj/gaiko/oda/sdgs/pdf/SDGs_pamphlet.pdf を元に著者作成

著者：澤 昭人（さわ あきと）

書籍やラジオなど多彩なメディアを通して経済や投資・会計・税金を子供でも分かるように伝えることを使命と考えている。その一環としてアイドルとコラボする機会もあり、元乃木坂46 衛藤美彩とは書籍『なぜ彼女が帳簿の右に売上と書いたら世界が変わったのか？』(PHP研究所) を共著、乃木坂46 高山一実とは書籍『お金がずっと増え続ける 投資のメソッド』(PHP研究所) のプロデュース、元乃木坂46中田花奈とは書籍『「バフェットの投資術」を学んだら、生き方まで変わった話』(PHP研究所) のプロデュース、AKB48 向井地美音とはラジオ＊「ジュグラーの波 〜澤と美音のまるっと経済学〜」を手がける。書籍の発行部数は累計90万部を超える。立正大学法学部非常勤講師 (近代経済学)。本職は公認会計士。会計事務所を経営する傍ら上場会社の役員などを複数務める。

＊TOKYO FM

グラレコまとめ人：ちくわ

オンラインサロンでの学びを紙にまとめたところ「分かりやすい」と大好評！ そこからグラフィックレコーディングの存在を知り独学で勉強。リアルタイムにこだわらず、手書きの良さを活かしながら文章、アイデア、想いなどを幅広く可視化している。本職はウエディングプランナー。新人教育などにグラレコを活用している。Twitter【@planner_chikuwa】

小学生でも理解できる

グラレコで学ぶ経済本

2021年4月26日　　第1刷発行

著　者　　　　澤 昭人

グラレコまとめ人　　ちくわ

編集人　　　　諏訪部 伸一、江川 淳子、野呂 志帆
発行人　　　　諏訪部 貴伸
発行所　　　　repicbook（リピックブック）株式会社
　　　　　　　〒353-0004　埼玉県志木市本町5-11-8
　　　　　　　TEL　048-476-1877
　　　　　　　FAX　03-6740-6022
　　　　　　　https://repicbook.com
印刷・製本　　株式会社シナノパブリッシングプレス